JN106328

はじめに ——マーケティング・パターンとは何か？

成果を出すマーケターには共通した行動パターンがある

　最初に読者の皆さまに質問をさせていただきたい。

　「マーケター」という職種に対してどのようなイメージを持たれているだろうか。

　誰も思いつかないようなアイデアを提案する人、組織や顧客が抱える課題をあざやかに解決する人、社会の空気を敏感に感じ取りヒット商品を連発する人、などのイメージを持たれる方もいらっしゃるだろう。

　あのマーケターは特別だ、あのマーケターはセンスが良いから成果を出せた。メディアで取り上げられているマーケターのエピソードから、このように考えてしまうのも無理はないかもしれない。しかし、マーケターに求められる能力をセンスといった感覚的な言葉で片づけてしまっては、限られた人や組織しか成果を出せないことになってしまう。

　筆者は、10年以上マーケティング業界にかかわってきた。日々多くのマーケターとプロジェクトをともにし、意見交換を繰り返す中で気づいたことがある。それは、プロジェクトを成功に導くマーケターには共通した行動パターンがあるということだ。

　「センスの良い人がマーケティングの成果を出しているわけではない」
　「センスではなく、とるべき行動を理解している人が成果を出している」

　そこで、成果を出しているマーケターに共通している行動パターンを体系化することで、誰もが再現性を持って成果を出せるようにできないかと考えるようになった。

マーケティングにおけるパターン・ランゲージ

　特定の人が持っている知識や、とっている行動を共有する方法はないかと考える中で、「パターン・ランゲージ」という方法に出合った。

　パターン・ランゲージとは、「状況に応じた判断の成功の経験則を記述したもの」である。もともとは都市計画家で建築家のクリストファー・アレグザンダー氏が心地良い街の構成要素を253個洗い出し、「パターン・ランゲージ」として発表したことが発祥といわれている。その後、組織やプロジェクトなど、ほかの分野にも同じ考えが適応され、「パターン・ランゲージ」が発展してきた。

　「パターン・ランゲージ」は下記の4つの要素を満たしたものと定義されている。

・成功の経験則を記述したもの
・成功事例の中で繰り返し見られる「パターン」を抽出したもの
・抽象化を経て言語（ランゲージ）化されたもの
・センス、コツなどの暗黙知を他者に共有しやすくしたもの
※出典：「パターン・ランゲージとは？」
（https://creativeshift.co.jp/pattern-lang/）

　パターン・ランゲージの良さをマーケティングの世界に持ち込めないかと考え、開発したものが本書で紹介する50個の「マーケティング・パターン」である。

　昨今、SNSで情報発信をするマーケターが増え、インターネットで検索すれば、有益な情報に触れやすくなった。しかし、情報収集をする中で、どの情報を活かすと成果につながるかの判断に悩まれている方も多いのではないだろうか。

　本書では、成果を出すマーケターが「どんな状況で」「どんな行動をとっているのか」を誰でも取り出しやすい形にまとめている。ぜひ、マーケティング・パターンを参照して、日々のマーケティング業務に活かし、実際に動き出していただきたい。

　紹介しているパターンに目新しさはないかもしれない。しかし、マーケティングに限らず、仕事で成果を出すために大切なのは、目新しさよりも「成果につながる基本行動の徹底」だと考えている。

自分自身の仕事を振り返ったときに、成果を出せていなかったときは、本書で紹介している行動パターンを実践できていなかったことが多かったと反省している。たとえば、アクセス解析データの分析に時間をかけているが「01-01 顧客にインタビューする」を実施できていなかったり、「01-08 ユニットエコノミクスを把握する」ができていない中で抽象的な戦略を描いてしまったりしていた。

　マーケティング・パターンを活用すれば、自分と同じ過ちを犯さずに済むはずだ。

　マーケティング・パターンを活用し、1人でも多くのマーケターが成果につなげ、事業を成長させたり、キャリアを発展させることに、少しでも貢献することができれば幸いだ。

ブランディングテクノロジー株式会社 執行役員 CMO　黒澤友貴

本書の使い方

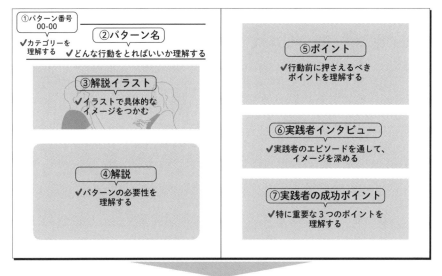

行動する

CONTENTS

第3章　集客

第4章　提案

第5章　支援

第 6 章　測定

第 7 章　組織

ブックデザイン　　　　bookwall

カバー&本文イラスト　仲岡里穂

本文DTP制作　　　　津久井直美

編集&プロデュース　　貝瀬裕一（MXエンジニアリング）

第 1 章

調 査

顧客に
インタビューする

解説

　マーケティング戦略を立案したり、施策の改善を行なったりするうえで、まずはマーケティング活動の対象となる顧客を理解する必要がある。

　その際、ネットリサーチのような定量調査や、Google Analytics、広告アカウントなどの定量データだけでなく、顧客の生の声をインタビューする定性データも取得するようにしたい。

　もちろん定量データからも有用なインサイトを得ることはできるが、顧客インタビューなど定性データも組み合わせることで、より早く、より精度の高い仮説を立てることができる。

　筆者も一時期までは、定量データのみからマーケティング戦略・施策を立案していたが、ある機会に顧客へのインタビューを行なった際、得られる情報のあまりの多さに衝撃を受け、それ以降は顧客へのインタビューを定期的に行なうようにしている。今では顧客の生の声を聞かずに施策を考えるのは効率が悪いと感じているほどである。

ポイント01　インタビューの目的を明らかにする

　顧客へのインタビューを設定する前に、どのような目的でインタビューを実施するのかを明確にしておこう。「マーケティングメッセージを考えるため」「商品企画のため」「コンテンツを作成するため」など、目的によってインタビューの相手や聞くべき内容は変わる。

ポイント02　入念にインタビューの準備を行なう

　目的を明確にしたあとは

・誰にインタビューをするのか
・どのような質問をするのか
・何人に聞くか
・インタビュー対象者をどのように集めるのか

を決めていこう。その場で臨機応変に聞き出すのも良いが、慣れないうちはインタビュー前に質問項目をしっかり洗い出したほうがインタビューの質を高めることができる。

　なお、インタビューのコツやよくある質問項目などは以下の3つの記事で詳しく解説している。初めて顧客インタビューを行なう方はぜひ参照いただきたい。

・見込み顧客インタビューの効果を高める26のチェックリスト〜ビザスク活用編〜（https://sairu.co.jp/doernote/215）

・顧客理解に役立つ、見込み顧客インタビューシート
（https://sairu.co.jp/doernote/225）

・既存顧客へのインタビュー項目シート。契約に至るプロセス・ユーザーの情報収集方法まで（https://sairu.co.jp/doernote/205）

ポイント03　業務プロセスに落とし込む

　顧客へのインタビューをマーケティング成果につなげるために、最も重要なのは顧客インタビューを1回のイベントで終わらせず、組織の仕組みとして定着させることだ。

　四半期に一度、半期に一度など、一定期間ごとに実施するルールを作っても良いし、商品企画や新しいキャンペーンの企画をする際の業務プロセスに「顧客の声を集めること」を必須にしても良いだろう。

実践者インタビュー

> **Profile**
>
> リサーチャー　菅原大介
> 株式会社マクロミルでマーケティングリサーチ業務に従事したのち、現在は国内通信最大手のグループ企業で総合ECサイトのマーケティング戦略業務に携わる。個人としてリサーチの魅力やノウハウを普及する活動に取り組み、noteや講習会が好評を博している。著書に『売れるしくみをつくる　マーケットリサーチ大全』（明日香出版社）などがある。

　インタビュー調査では、ビジネスシーンに活かすことを前提にした顧客観察のポイントを心得ていないと、ただありのままの事実情報を対面で確認して終わったり、調査対象者が面白い話をしてくれたかどうかに出来が左右されたりする。
　もちろん事前に立てた仮説が強すぎて軌道修正ができないのは良くない。そこで、次の3つの観点を常に心がけると成功に近づく。マーケティング活動で実施機会が多い、キャンペーンのグッズ・ノベルティ開発を例に解説しよう。

　①時間軸・生活軸で把握する
　1つ目は、調査対象物がいつ・どこで・どのように使われているのかを把握

すること。たとえば、クリアファイルの長所を「仕事の合間にもファイルのビジュアルを見ていられるから」（時間軸）、「持ち運ぶのに軽くて便利だから」（生活軸）という観点で女性から支持されていることを確認できると役に立つ情報となる。

②受け入れられている理由を把握する

2つ目は、調査対象物がどのように調査対象者に受け入れられているのかを把握すること。たとえば、QUOカードの長所について、「金券として使える」という代表的な意見以外に、「あまり人目に触れずに財布などで持ち運びできるので安心」という観点で男性に愛用されることがわかると、定量調査では得られない顧客インタビューの価値を実感できる。

③ビジネス判断の根拠となる意見を集める

3つ目は、どういう条件なら調査対象物を利用してくれるのかを把握すること。たとえば、最近ではスマホの待ち受け画像がプレゼントになることが多い。しかし「他社がやっているから」では自社がやる理由にはならない。そこでインタビューから、「男女ともに嫌われる要素がなく、全方位ターゲットの当社に最適」という状況を確認できれば、自信を持って投資判断ができる。

このようにインタビューでは、（オンライン形式も含めて）対象者に直接情報を尋ねるからこそ得られる情報を引き出すことで、調査成果を一定に保つことができる。

実践者の成功ポイント

・インタビューは、ビジネスシーンに活かすことを前提にして行なう
・インタビュー調査では、調査対象テーマについて、①生活軸・時間軸、②受け入れられている理由の把握、③ビジネス判断の根拠となる意見、この3つの観点を意識する
・インタビューだからこそ得られる情報を理解する

顧客を観察する

解 説

「01-01 顧客にインタビューする」で顧客にインタビューする重要性を解説したが、「顧客の行動を観察すること」も選択肢として持っておきたい。

世界一の投資家ウォーレン・バフェット氏も企業に投資するか否かを決める際、投資先のサービスを実際に体験してみたり、サービスを使っている顧客の行動を観察したりする。たとえば、アメリカン・エキスプレス社に投資した際は、街に出向き、同社がどれほど顧客からの信頼を得ているかを把握したのち、投資を決めたという（『ウォーレン・バフェットはこうして最初の1億ドルを稼いだ』グレン・アーノルド、ダイヤモンド社）。

マーケターはともすると、オフィスのデスクに座って、ダッシュボード上の数値や社内メンバーとのディスカッションのみで戦略や施策立案をしてしまいがちだ。もし担当する商材がWebサービスであれば、顧客が実際に使っている様子を観察する習慣を、店舗に並ぶような消費財であれば、実際に商品が買われるところや顧客に使われるところを見学する習慣を身につけよう。

ポイント01　顧客の「行動」を観察する

「01-01 顧客にインタビューする」と違い、顧客を観察するうえでは「顧客が言ったこと」ではなく、顧客が実際どのように行動したかを観察しよう。「顧客が言ったこと」と実際の行動の間にはギャップがあることが多い。「顧客が言ったこと」を鵜呑みにするのではなく、行動を正しく理解し、行動の背景にある心理を読み取る意識で取り組もう。

ポイント02　顧客を観察する手段を複数持つ

顧客を観察する手段は1つではない。BtoCサービスであれば、「店舗に行く」「顧客の自宅に行く」「自らカスタマーサポートの電話やメール対応を行なう」などがあり得る。

BtoBサービスであれば、営業同行が顧客の行動観察の手段として代表的だが、

・顧客の社内で常駐や半常駐で働くこと
・研修や一部機能の切り売り、要件定義フェーズのみの受注など、何らかのサービスを有料で提供しながら、顧客とやり取りする

なども有効な行動観察の手段だ。

自社に合った顧客観察プログラムを作り、組織の仕組みに落としていこう。

ポイント03　意思決定者と一緒に観察する

顧客観察はマーケティング担当者のみでも行なえるが、上司など意思決定者も巻き込めると具体的なアクションにつなげやすくなる。

マーケティング担当者から上司にレポーティングする過程で、どうしても現場の臨場感や情報が伝わりにくくなる。意思決定者の納得感を高め、組織を動かしやすくするためにも、行動観察に意思決定者を巻き込もう。

実践者インタビュー

Profile

Ａマーケティング合同会社CEO／サブスクリプションテクノロジーズ株式会社CMO　平岡謙一
2020年、デジタルマーケティングを提供するＡマーケティング合同会社を創業し、商品開発から拡販までをフルサポートする仕組みを構築。
2021年、サブスクリプションテクノロジーズ株式会社創業、今まで培ったマーケティングの知見をサブスク構築後の拡販に活かしている。

自社事業を通して、商品のプロトタイプを作成し、ユーザーの声を聞いて新たな商品開発や改良に役立てることは重要だと認識した。当初、想定していなかったターゲット顧客に価値を提供していることや、新たな訴求軸が見つかることも多く、顧客の声は必ず聞くようにしている。

自社事業で腰への負担を軽減するとともに、運動動作のパフォーマンスを向上させる野球ベルト「コアエナジー」を、当時経営参画していた会社を含め、3社で共同開発した。骨盤を安定させることでヒットの飛距離を伸ばす効果が期待できる商品であったため、当初は「ライトフライがホームランになる！」というコピーを打ち出していた。

あるとき、どのようなシーンで、どのような使い方をしてくれているのかを確認するために、商品を使用してくれているプロ野球選手のもとに行き、話をうかがった。
するとバッターが飛距離を伸ばすためだけでなく、長時間腰を酷使するキャッチャーやアンパイヤ（審判）が腰痛予防として当社の野球ベルトを使ってくれているとわかった。
顧客の実際の行動を観察した結果、「飛距離を伸ばす」といった「今ある状態をさらに良い状態にする」ニーズだけでなく、骨盤を安定させることで腰痛予防にも役立ち、「マイナスの状態を防ぐ」というニーズがあると気づいた。

顧客観察と改良を繰り返したことで、現在では国内外のプロ野球18球団、400名以上のプロ野球選手、スタッフにも愛用してもらえるような商品になった。

　また、プロ野球選手だけでなく腰を酷使するトラックの運転手や老人など、自分たちが想像していなかった顧客に価値を提供できるという可能性にも気づくことができた。

実践者の成功ポイント

・顧客のもとへ足を運び、普段どのようなシーンで、どのように活用してくれているかを確認する
・1つの商品でも異なる側面で価値を提供できる可能性があることを認識する
・1つの商品でも異なる顧客層に価値を提供できる可能性があることを認識する

自分でサービスを
使ってみる

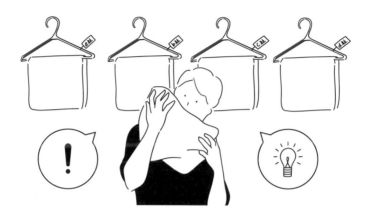

解 説

　ユーザー調査には、必ずしも数十万円・数百万円の投資は必要ない。
「顧客にインタビューする」「顧客を観察する」「アンケート調査をする」
などのパターンを実践すると同時に、「商品を自分自身が使ってみること」
は顧客の立場になるために有効だ。

　データ分析やフレームワーク活用も重要であるが、顧客の立場になり、
自分の行動や感情、意識に目を向けることを忘れないようにしよう。

ポイント01　自分で身銭を切って使ってみる

　　新しい担当商品が決まったら、まずは自分が1人の消費者として商品を買ってみることを推奨したい。可能であれば身銭を切って、自社の商品を使ってみよう。自分自身が商品に魅力を感じて「お金を支払いたい」と思える価値があるかを確かめることが目的だ。

　　自社の商品を"自分たち"が本当に使いたいと思っているだろうか。自分たちが心から使いたいと思えていなければ、顧客に価値は伝わらないだろう。まずは自社商品を自分たちが使い込んでみよう。

ポイント02　自社と競合の商品を使い比べてみる

　　商品を使ってみるときは、自社商品だけではなく競合他社の商品も使ってみよう。

　　その中で、自社商品の優れている点は何か、改善するべき点は何かを理解していく。食べるスープの専門店・スープストックトーキョーが、顧客が喜ぶスプーンを開発したプロセスを紹介したい。

　　実施したことは、「日本中からスプーンを集めて、社員と一緒にただひたすらスープを食べまくる」こと。自分たちが顧客になりきり、美味しく食べるためのスプーンを身体感覚で理解したことで、スープのために作ったスプーン「Spoon for Soup」が生まれたとのことだ。詳しくは以下の書籍とWebページを参照いただきたい。

『自分が欲しいものだけ創る！ スープストックトーキョーを生んだ「直感と共感」のスマイルズ流マーケティング』（野崎 互、日経BP）

（https://www.amazon.co.jp/dp/429610280X）

　　○Spoon for soupについて

（https://www.soup-stock-tokyo.com/story/soupspoon/）

ポイント03　カテゴリーNo.1商品を使ってみる

「世界最高基準」を体験することは、視座を上げ、発想を広げることにもつながる。たとえば、担当するカテゴリーで世界シェアNo.1の商品を使ってみよう。

世界最高基準を体験する意味を考えさせられるのは、サイゼリヤの創業当時のイタリア視察エピソードだ。幹部の人をイタリアに連れて、下記のようなことを行なっていたようだ。

・アルマーニのお店に行って上から下まで全部そろえる
・マリアーノで最高のホテルに泊まる
・その土地の最高の料理を食べる

　"最高のホテルに泊まって最高の服を着ておいしい料理を食べるから、どこが優れているかよく分かる"という。自分自身が理想の体験をしていれば、その体験を顧客に提供するイメージも湧きやすくなる。

実践者インタビュー

Profile

株式会社Philocoffea　代表取締役　粕谷哲
コーヒーロースタリーカフェ「Philocoffea」オーナー。アジア人初のWORLD BREWERS CUPを制したバリスタ世界チャンピオン。2011年東日本大震災で石巻市へのボランティア活動の場で梶氏と出会う。この出会いから6年後、共同で株式会社PHILOCOFFEAを船橋市で立ち上げる。

　バリスタとして自身が美味しいコーヒーを淹れられることはもちろんのこと、より多くの方に豊かなコーヒー体験を提供するために、メーカーと共同で商品開発をしている。開発した商品は、自らが使ってみている。自分自身が使ってみることで、お客さまからいただく細かな悩みや要望の意図を理解することができ、商品の改良に活かしやすくなる。
　例として、HARIOと共同開発したプアコントロールケトルの開発エピソードを紹介したい。この商品は、自分が日本の急須を使う中でインスピレーションを受けて開発した。
　急須で美味しいお茶を淹れる際は、腕全体を回すことでお湯の注ぎをコント

ロールする。この感覚をコーヒーを淹れる際に応用して商品デザインを考えた。このように常にコーヒーに関連する商品を使ってみることで、改善のヒントを得ている。

　また、自分が美味しいコーヒーを淹れる感覚を言語化して、発信することを大切にしている。具体的には、誰もが簡単に美味しいコーヒーを淹れられるよう、コーヒーの淹れ方、焙煎方法、お湯の温度から注ぎ方などをオウンドメディアで発信している。

　この背景には、ある常連さんから「いつも豆を買っているんだけど、結局、粕谷さんが淹れたコーヒーの方が美味しいね」と褒めコトバをいただいた経験にある。これは裏を返せば、自宅では店で飲むような美味しいコーヒーを淹れられないということだ。

　そのことに気づいてからは、「自分が美味しいコーヒーを淹れられるだけではなく、誰もが美味しいコーヒーを淹れられたほうがビジョンの実現に近づける」と考え、情報発信を積極的に行なうようになった。自分自身の体験を発信することで、お客さまからのフィードバックを得られやすくもなっている。

　自分の体験を言葉にするプロセスの中で気づきが生まれ、商品開発のヒントも得やすい。日々の商品開発は、自分が美味しいコーヒーを淹れる感覚と、お客さまからの声の両方をバランスよく取り入れることで、より良いものを作り、届けられると信じている。

実践者の成功ポイント

・顧客と同じ商品を使用することで、同じ視座に立ち、悩みや要望の意図を理解できるようにする
・日頃から自社商品や類似カテゴリー商品を使い、改良の余地やアイデアを発見する
・自分自身の体験と、お客さまの声の両方をバランス良く取り入れて商品やコンテンツを開発する

アンケート調査をする

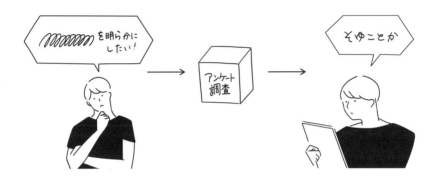

解 説

　調査の基本であるアンケートは、一度は実施もしくは検討したことがある人が多いのではないだろうか。

　アンケート調査は気軽に取り組むことができるが、とりあえずの実施では意味がない。役に立たないアンケートが社内に山積みになってしまっていないだろうか。

　もし、過去に自社で実施したアンケート調査があれば、どんな目的で実施し、調査結果を有効活用できていたかを確認することを推奨したい。

　アンケートを実施したからといって顧客のことを理解したつもりになることは危険だ。正しいアンケートの活用方法を理解して実践しよう。

ポイント01　目的を明確にする

　　いきなりアンケート調査の手法から入ってはいけない。目的によってアンケートの対象者、設問内容、分析方法は変わってくる。まずは何を明らかにするためのアンケートなのかを明確にすることが重要だ。

　　1回のアンケートにおいて目的は1つか2つに絞り、得たい情報を効率良く集めるようにしよう。

　　目的を明確にするためには、アンケートから何を理解できると良いのかを自分たちに問いかけよう。

　　たとえば、

・顧客が自社を選んでくれている一番の理由は何だろうか？
・顧客が購買意思決定をするうえでどのチャネルが貢献しているのだろうか？
・なぜ特定セグメントのユーザーは成約率が低いのだろうか？

などの問いに答える中で、自社の課題や、理解するべき顧客行動を把握できるとアンケート目的を明確にできる。

ポイント02　実施方法を定める

　　目的が定まったら、あとは「誰に、どんな手法でアンケートをとるか」を決める。
　　アンケート実施方法は、

・既存顧客やハウスリストにアンケート配信をする
・調査会社が囲っているモニターサービスの活用を検討する

のどちらかから始めてみることがおすすめだ。

　　必要なサンプル数については、標準誤差の観点から最低50サンプル、より高い精度を求める場合には400サンプルといわれている。このサンプル数を参考にしながら、誰に対してアンケートをとるか決めていこう。

　　アンケート実施ツールの選択肢は、

・無料ツールからアンケート調査を始める。ツール例はGoogleフォーム
・調査会社が囲っているモニターに対しリサーチを実施する。ツール例は Fastask（ファストアスク）、Questant（クエスタント）

などがあり、目的と予算に合わせて最適な手段を選ぼう。

ポイント03　ほかの調査と組み合わせる

　アンケートは、インタビューやデータ分析などとあわせて取り組むことで、顧客理解をさらに深められる。たとえば、アンケートを実施した中で、特定の条件に当てはまるユーザーを選んでインタビューを実施するスクリーニング調査がある。アンケート結果だけでは顧客理解が足りない場合は、ほかのパターンで紹介している調査手法を組み合わせてみよう。

実践者インタビュー

Profile

IKEUCHI ORGANIC株式会社　営業部部長　牟田口武志
大学卒業後、映画制作会社に入社。CCC、アマゾンジャパンを経て、2015年7月にIKEUCHI ORGANICに入社。現在は店舗／ECの直営部門と国内外の法人部門を統括。2019年2月にオウンドメディア「イケウチな人たち。」を立ち上げる。タオルソムリエの資格も保有。

　IKEUCHI ORGANICは、かかわるすべての人とともに生きていく企業であり、ブランドでありたいという考えを大切にしている。
　ファンベースの考えをもとに、顧客から直接お話をうかがい、ヒントを得ることを組織全体で大切にしている。2020年4月の緊急事態宣言中に実店舗が一時的にクローズとなった際は、常連の顧客に「スタッフさんと話せなくなってしまうのが寂しいわ」と声をいただいたことがきっかけでオンライン接客を導入した。オフライン、オンラインを往復しながら、顧客の声に耳を傾けている。

顧客の購買行動を調査するためにコアファンへのヒアリングや簡易アンケートを定期的に実施している。アンケートについては、2つのことを意識している。

　1つ目は、顧客の声をもとに仮説を立てること。2つ目は、アンケートの内容によって媒体を使い分けることである。

　1つ目の、顧客の声をもとに仮説を立てることについて詳しくお伝えする。アンケート設計は、顧客の声を参考に仮説を立てることから始める。実店舗で顧客の声を聞くことを大切にしており、その内容をもとに、より深く理解したい項目をアンケートに落とし込むことで、顧客に対する理解度を高めることができる。

　続いて2つ目のアンケート内容によって媒体を使い分けることについて説明する。アンケートは、紙面でとることもあれば、気軽に回答してもらえるようSNSで行なうこともある。

　たとえば、Twitterを活用して気軽にアンケートに回答してもらい、顧客ニーズを理解することを実施している。

※参考：アンケート実施例

(https://twitter.com/MUTAGU/status/1113725914968350720?s=20)

　アンケートから得られたヒントは、商品開発に活かしている。

　特に、顧客がどんなタイミングでタオルを買い替えているのか、どんなシーンでタオルを使用しているのかといった情報は商品開発のアイデアに直結する。

　実例としては、タオルメンテナンスサービスや銭湯タオル、レストランでのおしぼりとしての活用など、企業側が当初想定していなかったタオルの使われ方をアンケートやコアなファンへのインタビューで知り、サービス化につながっている。

実践者の成功ポイント

・顧客の声を集める仕組みをオンライン、オフラインの両軸で作る
・実店舗で得られる顧客の声から仮説を立て、アンケートを設計する
・アンケート結果は商品やコンテンツ開発につなげることを前提とする

自社の保有データを分析する

解説

　マーケターは、新しいデータを入手する前に、自社がすでに保有しているデータから仮説を出すことから始めよう。

　完璧なデータをそろえたり、高度なデータ分析ツールを導入する前にもできることはある。

　組織が保有するデータはさまざまあるが、調査フェーズで優先的にそろえたいのは「顧客データ」だ。

　まずは既存の顧客データから仮説を作り、必要であれば追加のアンケートやインタビューなどを実施して精度を高めていこう。

ポイント01　自社の保有データを把握する

　まずは活用できるデータを把握する。保有データといっても、データの種類はさまざまだ。アクセス解析、検索広告、SFAやMA、CRMのデータなど、組織によって保有データは異なるだろう。まずは自社にどんなデータがあるのかを理解し、一箇所に集めよう。

　ここで、自社のデータ形式がそろっていない、データの管理者が複数存在していて集約できないといった課題が出てくるケースがあるだろう。調査フェーズでは、完璧にデータをそろえようと思わないことが重要だ。今あるデータから仮説を出すことを優先しよう。

ポイント02　ツールに頼りすぎないで分析する

　データ分析をしょうとなったときに、データサイエンティストの雇用や、AI活用のような高度な分析ツールの検討などから入りがちだ。高度なツールは、よほどデータ量が多くない限りは導入を焦る必要はない。

　データ分析を組織に浸透させ、経営力を強化した事例として有名なのはワークマンだが、使用したツールはExcelであったといわれている。

《データ分析というと、小難しいソフトを使っているように思われるかもしれないが、さにあらず。基本は、Windowsパソコンに標準搭載されている、米マイクロソフトの表計算ソフト「Excel（エクセル）」だ。》（『ワークマンは商品を変えずに売り方を変えただけで、なぜ2倍売れたのか』酒井大輔、日経BP）

　まずは、今あるデータと、現在活用しているツールの中で仮説を導き出そう。組織の分析レベルが上がったり、取り扱うデータが増えたりした際には有料分析ツールの活用も検討しよう。

ポイント03　ボトルネックを特定する

　ボトルネックとは、問題要因の全体で最も問題視される箇所のことである。データを分析すると複数の課題が出てくるが、その中で最もインパクトがある領域を導き出すことが重要だ。改善アクションを起こしても成果につながりにくい領域はアクションを起こす優先順位を下げよう。最重要課題をチームで共

通認識をとり、その課題解決のために時間とお金を集中させる動きを作れることが理想である。

実践者インタビュー

Profile

株式会社コスモブレインズ　取締役　宮本栄治
GoogleやYahoo!を活用したWeb集客を中心にアクセス解析からサイト制作まで、成果につながるマーケティング提案を行なう。技術情報誌の担当時代に1000社以上の生産財企業の販促に携わった経験をベースに、業界知識に裏打ちされたコンサルを行なう。

製造業のデジタルマーケティング支援を行なう際は、初めに過去のマーケティング、営業データを理解・分類・分析するようにしている。支援する立場として、クライアントに下記ステップの情報を確認している。

1つ目は、データから大枠を理解することだ。
最初に、SFAやCRMデータなどをクライアントに直接ヒアリングしながら、顧客とのかかわり方を理解することから始める。その際に意識していることは、下記の3点である。

・獲得しているお問い合わせの顧客の特徴
・お問い合わせに対するフォロー方法
・営業商談のプロセスと成果

2つ目は、問い合わせ後のプロセスを分類し、現状の課題を特定していくことだ。基本的な分類方法は下記の4点となる。

・戦略的撤退を行なった案件
・提案したが選ばれなかった失注案件

・提案中の案件

・受注した案件

　3つ目は、フェーズごとに分析することだ。

　分類したあとの分析手順を決めており、①戦略的撤退案件、②失注案件、④受注案件の順に詳細を分析していく。

　最初に見極めるのは、戦略的撤退案件の原因だ。なぜなら、戦略的撤退は、顧客の求める要件と自社の提供価値がマッチしていないことの表れだからである。①が多い状態は、自社Webサイトを中心とする集客媒体などで、自社の価値を十分に訴求できていないことになる。

　続いて②失注案件と④受注案件を深堀りし、自社が欲しい顧客と欲しくない顧客の解像度を上げるようにしている。

　②失注案件の場合、前述のようにマッチしていない顧客であったか、十分に顧客の要望を汲めなかったかによってアクションが異なる。顧客のニーズを汲めていなかった場合、ヒアリングプロセスに改善の余地があるため、案件見極めの精度を高めるためにヒアリング項目の見直しを行なう。

　④受注案件では顧客にどういったきっかけで自社を知り、問い合わせに至ったのかの行動フローをヒアリングするほか、判断基準や購買決定要因は把握するようにし、再現性を高める。

　このように、全体像を理解し、分類・分析する型を作っておくと、戦略の精度を高めることができる。

　データがそろっていない組織の場合は、営業やサポート部門にヒアリングをし、定性情報を中心に分析をしている。大切なのは顧客の行動を正しく理解し、勝ちパターンを見いだすことであり、データに踊らされないことだ。

実践者の成功ポイント

・最初は顧客の特徴を大枠で理解し、徐々に詳細分類に入る

・既存データを分析することで、欲しい顧客と欲しくない顧客それぞれの解像度を上げる

・典型的な欲しい顧客にはインタビューをし、購買決定要因の詳細を把握する

独自資源を把握する

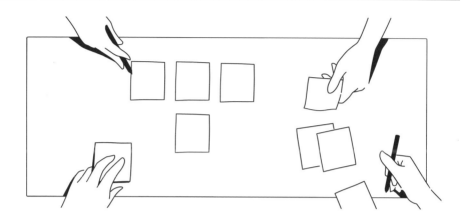

解 説

　戦略を作る前の調査は、顧客だけではなく組織に対して行なうことも重要となる。組織に関する調査では、自分たちの独自資源を把握しよう。

　独自資源とは「競合他社が模倣するために多大なコストがかかる資源」のことである。

　自社が保有している組織資源を正しく把握し、優位性を支えている領域を理解できると、マーケティング戦略の実現性を高めることができる。「戦略は組織に従う」という言葉があるように、戦略を考える前には組織に対する理解度を深めよう。

ポイント01　組織資源を洗い出す

　組織資源は以下の5つの要素に分解ができる。

1. 設備・技術
2. 知識・経験
3. 人材・組織
4. 顧客関係性
5. 理念・文化・歴史

　これらの基本項目に従って、自分たちの組織資源を書き出してみよう。

　組織資源を理解するためには、組織内で関係者にヒアリングをすることから始めよう。経営層、事業部長、第一線で顧客対応をする社員などに、自社の強み・弱みなどのヒアリングを行なう。また、自分たちの資源を"都合よく"捉えないために第三者の力を借りることも検討してみよう。

ポイント02　独自資源を特定する

　自社の独自性は、競合他社と比較してわかるため、競合との比較表を作成して、組織内でも共通認識を持つことを推奨する。

　競合との比較分析をする中で、他社には真似ができない資源、競合他社が模倣するために多大なコストがかかる資源を特定しよう。

　また、顧客が評価している資源を理解することも重要だ。顧客の評価については、既存顧客へのヒアリングやアンケート調査を組み合わせて理解していこう。

ポイント03　未来の優位性を支える資源を育てる

　現時点で、競合と比較して優位性がある資源がない場合もあるだろう。分析に行き詰まったら「未来の優位性につながる資源」を特定してみよう。

　未来に向けて、どの資源を強化すれば優位性を獲得できるのかを考えてみると、強化すべき組織資源が見えてくる。

　たとえば、人材を独自資源として育てることを決めれば、採用や育成投資が

重要だと理解できる。マーケターは、自社の優位性を支える資源を定義したうえで、その資源を活かした戦略を考えられるようになろう。

実践者インタビュー

Profile

Eコマース先生　川添 隆
全国のEC担当者を応援し、ECビジネスの可能性を伝える人。Eコマース売上2倍以上に携わったのは6社。アパレル関連企業3社を経験後、2013年7月よりメガネスーパーに入社。現在は親会社のビジョナリーホールディングス 執行役員として、デジタル、IT、新規事業を統括。2017年よりエバンでは複数社のアドバイザーに従事。

　企業の独自資源を把握し、強み・弱み・保有している有形／無形資源を洗い出すステップは大きく3つある。

　1つ目は「業界のあたりまえを把握する」ことである。強みや弱みは相対的なものなので比較することで「違い」が導き出される。新しい業界に携わる際は、業界の水準を調査したうえで、自社の強み・弱みを整理し、どちらに舵を切るべきなのかを判断する。

　2つ目は、その企業の歴史、つまり事業が生まれてきたプロセスを把握することである。

　企業の強みは、実行の積み重ねによって築かれる。掲げられている戦略だけではなく、業務プロセスや組織体制などの変化を理解し、隠れた優位性が何かを理解するようにしたい。たとえば、同じSPA業態の企業でも、メーカーと仕入販売どちらからスタートし、事業内容はどう変化していったのか理解することで、その企業独自の強みを理解しやすくなる。

　歴史の中で築かれてきた強みは、社内の人間にとってはあたりまえのことが多い。そのため第三者からのヒアリングが有効だ。

　3つ目は、経営層だけではなく現場スタッフにも強みや弱みを聞くことだ。

　自社の弱みは社内の人たちがわかっているケースが多い。一方で、強みは意

外と気づいていないのだ。第三者から見ると強みであっても、当人たちはあたりまえだと思っている。「隣の芝生は青い」状態になっている組織は多い。

　そのため、強みを正しく理解するためには、顧客、社内のスタッフ、取引先など、あらゆる関係者に事実や認識を確認するプロセスが重要だ。経営トップへのインタビューでは、戦略の全体感や理念やビジョンを理解できるが、現場の第一線で働くスタッフのインタビューも大切にしたい。現場スタッフへのインタビューが、真の強みを理解するためには必須となる。ただし、主観意見が出てくることを前提として情報をクロスチェックする必要がある。せっかく独自性を強めるようなことをやっているのに、日の目を浴びていないこともある。

実践者の成功ポイント

- ・利益率や業界のあたりまえの水準を把握したうえで強み・弱みを把握する
- ・その企業の歴史や経営者の経歴などを把握することで隠れた無形資源を見いだす
- ・経営層だけではなく現場スタッフにも強みや弱みを聞く

戦略を把握する

決算報告書

第X期

解 説

　マーケティング戦略・施策を立案する際に自社の経営戦略・事業戦略を把握しておくと、より精度が高く、手戻りの少ないプランを描くことができる。

　本来、マーケターが描くマーケティング戦略は、経営または事業上の目的や目標を達成するためにある。

　しかし、日々の業務に忙殺される中で本来の経営または事業上の目的・目標を忘れてしまうこともあるだろう。

　会社や事業の目的・目標にそぐわないプランを立ててしまうことは、会社にとってだけでなく、マーケターにとっても「労多くして益少なし」といえる行為だ。

　そうした事態を避けるためにも、自社のマーケティング戦略・施策を立案する前に、経営戦略・事業戦略を確認するようにしよう。

ポイント01　自社の中期経営計画、IR資料、全社会議の資料に目を通す

　経営戦略、事業戦略を把握する方法だが、

・上場企業であれば、自社のIR資料
・全社会議や部門会議の資料

などにまとまっていることが多い。自社がどこを目指していて、何を課題だと捉えているのか、今後どこに注力していく予定なのかを把握して、自分が立てるマーケティング戦略と齟齬がないようにしよう。

ポイント02　経営陣や事業責任者、上司にヒアリングする

　IR資料や社内の戦略資料を見るだけでなく、経営陣や事業責任者、上司などから直接説明してもらう機会を作れると、経営戦略、事業戦略に対する理解度がぐっと上がる。
　戦略の背景にある想いや事情を聞き、資料だけではわからなかった不明点・疑問点を解消しよう。

ポイント03　「自分だったらどうするか?」を考える

　会社や事業によっては、経営戦略・事業戦略が明確になっていなかったり、資料化されていなかったりする場合もあるだろう。
　その場合、戦略がないことを嘆くのではなく、社内の情報を集めながら「自分だったらどうするか?」を考えてみよう。会社のミッションやビジョンはコーポレートサイトに記載されているし、社内にはさまざまな情報が共有されている。
　自社が中長期で目指している姿をイメージし、その姿がどういう条件を満たせば達成できるかを考え、戦略・施策を組み立ててみると良いだろう。そして、良い戦略とは多くの場合、トレードオフをともない、「何をやらないか」が明確になっているものだ。自分が描いた戦略でやらないことが明確になっているとしたら、良い戦略になっている可能性が高い。
　その戦略に基づき、自分たちのマーケティング戦略・施策を考えていこう。

実践者インタビュー

Profile

株式会社カミナシ　執行役員COO　河内佑介
インテリジェンス（現・パーソルキャリア）に入社後、テクノロジー領域グループ会社の事業責任者として複数サービスを統括。その後カヤックLiving（現・株式会社カヤック）に入社し、プロダクト開発の責任者を担当。2020年7月にカミナシに参画し、2021年3月に執行役員COOに就任。

　カミナシは、「ノンデスクワーカーの才能を解き放つ」をミッションに掲げ、工場や店舗など現場を持つすべての企業を対象としたSaaSプロダクトを提供している。2020年7月にジョインし、事業責任者として成長戦略を描き、マーケティングの基盤を作ってきた。

　自社の経営戦略・事業戦略を把握するために、CEOと週次1on1ミーティングを実施することで方向性のすり合わせを行なっている。

　CEOとは役割分担をしており、CEOはビジョンやバリュー策定、会社の方向性を示す役割を担い、COOである私が戦略に落とし込み、実行までを担っている。そのため、週次でコミュニケーションをとり、全体方針と戦略を連動させることが重要となる。

　CEOと共通認識をとりながら、ARR100億円という数字を目標におき、5年先までの中長期戦略をまとめている。この計画をもとにプロダクトアップデート、マーケティング戦略立案を行なっている。

　経営層だけではなく、メンバーを含めて戦略の共通認識をとることが重要だと考えている。カミナシは、直近で組織規模が急拡大している。人数が増えても戦略の共通認識が失われないよう、2つの工夫を行ない、経営戦略や事業戦略の共通認識をとっている。

　1つ目は、「合宿の場」を作ることだ。日々の限られた時間のミーティングだけでは、戦略方針の背景を共有することは難しい。合宿形式のまとまった時間をとり、戦略共有を行ない、共通認識を深めている。

また、全体戦略を一方的に伝えるだけではなく、各事業部から情報を持ち寄って戦略をブラッシュアップすることで、方針作りにも活かしている。

　2つ目は、メンバー全員で「課題図書」を読むことだ。カミナシでは、ジェフリー・ムーアの著書『キャズム2』（翔泳社）を課題図書とし、ホリゾンタルSaaSとしてキャズムを超えて市場を確立するイメージを共有している。全員で戦略の理論からインプットをすることで、施策の意図や目的をブラさずに動くことができる。

　このように、組織の階層や部門を跨いで戦略共通言語を作る、共通認識を持つことは、マーケターの重要な役割だと考えている。

実践者の成功ポイント

- ・代表とは週次で1on1を行ない、会社のビジョンと戦略を連動させる
- ・戦略の共通認識をとるために合宿を行ない、部署を横断して戦略を浸透させる
- ・戦略に対する共通認識を持つための「課題図書」を設ける

ユニットエコノミクスを把握する

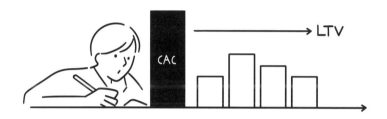

解 説

　顧客特性、競合状況、事業の強み・弱みは自社のマーケティング戦略・施策にとって重要な要素だが、実はそれらと同じかそれ以上に影響を及ぼすのが、自社商材のLTV（Life Time Value）とCAC（Customer Acquisition Cost）だ。LTVは「顧客生涯価値」といわれ、一顧客が生涯にわたって生み出す粗利の合計のこと。平均顧客単価×継続期間（月額サービスでない場合は、購買回数）もしくは、平均顧客単価÷月次解約率で算出する。

　CACは「顧客獲得コスト」のことで、新規顧客を1社獲得するためにかかったコストを意味し、新規顧客獲得にかかった営業・マーケティング費用の合計を、新規顧客獲得数で割ることで算出する。

　大雑把に言えば、LTVが高ければ高いほど、CACに投資でき、マーケティング戦略・施策の選択肢が広がる。

　LTVとCACを計算することで、適切な投資対効果のもとでマーケティング活動が行なわれているかを判断する。適切な投資対効果が生まれてい

ない場合は、コストを削減する（CACを下げる）または収益性を上げる（LTV
を上げる）ための取り組みが必要だ。

ポイント01　まずはざっくりでも良いので把握する

LTVとCACを把握するうえでのポイントは厳密な数字や計算式にこだわら
ないこと。LTVをCACで割ったユニットエコノミクスを計算してみて、

・3以上あり健全なのか
・3前後で健全、不健全、ギリギリのラインなのか
・3未満で不健全なのか

を把握し、自分たちの現状を認識することにこそ意味がある。

仮に「3以上あり健全」なら、CACにもっと投資して、より多くの顧客と取
引することを目標にしたり、CACを下げたりしてより高い収益性を目指すべきだ。
「ギリギリ」や「不健全」であれば、LTVを上げたり、CACを下げたりする努
力をして収益性確保を目指すなど、大まかな指針を明らかにすることが重要だ。

ポイント02　セグメントごとに把握する

LTVやCACはセグメントごとに異なるケースが多い。
たとえば、業種や売上規模といった属性、獲得チャネル、販売時期などで分
類すると、ある特定のセグメントではLTVが高かったり、CACが低かったりする。
当然、セグメントごとにLTVやCACが大きく異なる場合はマーケティング
戦略に影響がある。

ポイント03　LTVを上げる努力、CACを下げる努力を行なう

LTVとCACを把握したあとにとるべき打ち手の基本は、LTVを上げ、CAC

を下げること。企業の戦略によってはLTVを下げて、より多くの顧客に導入してもらうことを狙ったり、その商材ではLTV、CACの関係を無視して、とにかく顧客獲得を進めてしまい、ほかの商材で課金したり、顧客データベース自体を売って、そこで儲けるパターンもある。しかし、基本的にはどのようにLTVを上げるか、どのようにCACを下げるかを考えるのがセオリーだ。具体的な方法は以下の記事やスライドを参照いただきたい。

・BtoB事業のユニットエコノミクスを強くする33個の方法
（https://note.com/kotakurihara/n/n495e6a309c37）
・LTVの高さが、BtoBマーケティングの自由度を決める
（https://markezine.jp/article/detail/31888）
・ユニットエコノミクスを強くする方法
（https://sairu.co.jp/document/unit-economics-know-how）

実践者インタビュー

　ここでは、筆者・栗原の例を紹介する。

　コロナ禍において展示会やセミナー、テレアポ施策ができなくなり、あらゆる業種でデジタルシフトの必要性が高まっている。しかし、企業内で若手のマーケティング担当者や営業担当者はデジタルシフトの重要性を感じているものの、上司や経営層がデジタルシフトへの投資に懐疑的なケースが散見される。

　このような新しいマーケティング投資を社内で通す必要がある場合、「その投資によってどれぐらいのリターンが見込めるのか？」の説明が必須だ。

　新しいマーケティング投資を社内に説得するために意識してもらいたいのが、ユニットエコノミクスだ。ユニットエコノミクスは、LTV÷CACで求められ、3以上だと健全、3倍以下だと不健全とされている。

　逆に言えば、営業・マーケティングコストの合算であるCACは、ユニットエコノミクスが3になるまで投資しても問題はない。その限界値は「許容CAC」と呼ぶ。

　理論上、許容CAC内であれば、投資をすればするほど収益が上がり、利益を出しながら顧客数を増やすことができる。

　よくありがちなマーケティング投資への説明は、CACやCPA（Cost Per

Acquisition・獲得単価）を他社の参考値をもとに決めてしまったり、既存の施策（テレアポや展示会、DMなど）との比較で決めてしまったりするケースだ。

　他社のCACが5万円であろうと、自社のテレアポ施策のCACが10万円であろうと本来は関係なく、自社のLTVの中でユニットエコノミクスを健全にしたまま投資できる「許容CAC」内であるかが重要だ。

　当然、既存施策と比べて、新しい施策（たとえばFacebook広告）のCACが高い場合、既存の施策に集中する、と判断しても良いが、ユニットエコノミクスが合っているのであれば、既存の施策より高いコストをかけてでも新しい施策に取り組み、より多くの顧客を獲得するという判断もありうる。当社のマーケティング投資はすべて「許容CAC内に収まっているか」で決めるようにしている。

実践者の成功ポイント

・LTV÷CACで求められるユニットエコノミクスを計算する
・ユニットエコノミクスが健全な範囲でCACに投資する
・他社の数字や自社の既存施策のCPAやCACではなく、許容CACからマーケティング投資を決める

競合企業を分析する

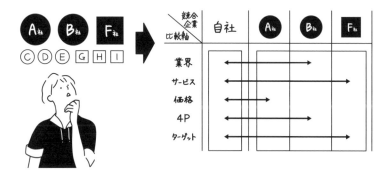

解 説

　マーケティング戦略・施策を立案するうえで「競合分析」の重要性はよく語られるが、具体的な方法が不明確だったり、調査に手間がかかったりするためかおろそかにしているマーケターが多い。

　しかし、自社のマーケティング戦略・施策を固めるうえで他社の動向に関する情報は欠かせない要素だし、競合調査・分析をする過程で新しいアイデアが得られることも多い。筆者はコンサルティングプロジェクトの中でさまざまな分析を行なうが、「競合分析」は実は最も具体的なアクションにつなげやすい分析の1つだと感じる。

　もちろん競合ばかりを見てビジネスをしたり、顧客の便益とは無関係な差別化を意識したりすることは悪影響をもたらすが、自社の競争戦略を考える上で「競合」は向き合わざるを得ない対象だろう。

ポイント01　市場特性に合わせて競合分析をするべきか判断する

　担当する商材が、新しい市場を狙うものではなく、すでにある市場を狙うものの場合、可能な限り多くの競合企業を分析することをおすすめしたい。特に、グローバリゼーションが進む現代、いつ何どき、海外の大手企業が自社が戦う市場に参入してこないとも限らない。国内だけでなく海外企業、また競合だけでなく、代替品となる商材を扱う企業も含めて、競合分析の対象にしよう。逆に、まったく新しい市場を狙う商材の場合、競合企業を分析するよりも、実際に商材を世に出してみて、顧客や市場からの反応を得ながら事業を進めるほうが効率的だろう。

ポイント02　網羅的に分析を行なう

　競合分析は、目的達成のために必要な量、必要な項目で実施する、という考え方もあるが、競合分析に慣れないうちは網羅的に情報を集めることを推奨したい。

サービスの提供範囲／サービスの内容／導入企業数／導入企業の属性／価格／契約条件／実施しているプロモーション施策／Webサイトやカタログで訴求しているメッセージ／顧客からの評判／市場シェア／中期経営計画／会社全体の事業ポートフォリオ／従業員数／採用基準／創業者や主要メンバーの経歴

など多面的に競合企業を調査・分析しよう。情報を集める過程でアイデアが浮かぶだけでなく、自社のビジネスに適した分析項目を見いだせるメリットがある。

ポイント03　定期的に分析を行なう

　ポイント②で紹介した項目について、一度だけ分析をして満足していないだろうか。競合や自社の動きが常に変わる以上、競合分析は定期的に実施することで価値が増す。
　半期や1年ごとに競合分析をする機会があると望ましいが、Googleアラー

トで競合の企業名または代表者名、商品名を登録したり、競合企業の代表や社員のSNSアカウントをフォローしたりして、リアルタイムに競合の動きを把握する仕組みを作ることも有効だ。

　なお、BtoB企業のマーケターで「競合分析のやり方がわからない」「競合分析をする際の分析項目がわからない」という方は株式会社才流で公開した記事とテンプレートを参照していただきたい。

・競合分析テンプレート。項目と方法をBtoB企業向けに解説
（https://sairu.co.jp/doernote/217）

実践者インタビュー

Profile

株式会社ギャプライズ
CXO事業部 カスタマーサクセスグループ マネージャー　鎌田洋介
2009年ギャプライズ入社。入社当初はプランナーとして、主にランディングページ構築の企画に携わる。LP制作本数は延べ200本超。その後は顧客体験分析ツールContentsquare（旧Clicktale）やABテストを活用し、グロースハックの仕組みをチーム内に根づかせるコンサルタントとして、多くのチームビルディングに携わる。年間ABテスト実績は500本以上。

　競合企業を分析する際に大事にしているポイントは2つある。1つ目は、ユーザー視点で競合を見ること。2つ目は、競合分析で得た知見をどのように活用するかということだ。

　1つ目の「ユーザー視点で競合を見ること」とは何か。クライアントに「競合はどこですか？」と聞くと、いくつかベンチマークしている企業を教えてくれる。しかし、ベンチマークした企業が「顧客視点に立ったときに本当に比較検討される競合なのか」は注意したい。

　顧客がその製品・サービスに関して情報収集する方法や検索キーワードなどを把握し、実際の行動をシミュレーションしてみると実はクライアントがベン

チマークしている企業がいないことが往々にしてある。

　たとえば、吉祥寺で学習塾を経営しているとして、ベンチマークしている企業をクライアントに聞くと同じエリアの学習塾や大手予備校が挙げられる。しかし、「吉祥寺　塾」の検索結果を見てみると、実は学習塾だけでなく、オンラインで学べる講座が検索結果の上位に表示される。

　2つ目の「競合分析で得た知見をどのように活用するのか？」に関しては、競合企業が選定できたら、まず競合調査ツール「Similarweb」を活用し、市場を俯瞰して見るようにしている。市場で検索されているキーワードをグルーピングし、「競合企業の中でどこがシェアを獲得しているのか？」を分析する。

　また、時系列で見たときにシェアを伸ばしている企業に着目し、彼らがどういった施策に取り組んでいるかを研究することで、有効な打ち手を調査できる。

　このときに、

・競合企業の打ち手を徹底的にトレースする
・意図的に競合企業とは施策をズラす

の2つの視点で打ち手の優先順位を決め、競合との差を埋めるだけでなく、独自の優位性を作り、引き離すようにしている。

実践者の成功ポイント

・顧客の行動をシミュレーションし、彼らの購買行動上のどこが本当の競合企業なのかを把握する
・競合の中で最近伸びている企業のサイトに訪れ、打ち手を調査する
・競合が実施している施策をトレースし、差を埋めるとともに意図的に施策をズラし、自社の比較優位性を作り出す

選ばれる理由・
選ばれない理由を把握する

解 説

　マーケターの中には自社が扱う商品の機能や便益は理解していても、どのようなときに自社商品がハマるのか、もしくはハマらないのかを理解できていない人たちも一定数いる。

「敵を知り己を知れば百戦危うからず」という孫子の言葉があるが、自社商品が選ばれる理由・選ばれない理由を把握することは、マーケターが己を知るうえでの重要な手段だ。

　すべての顧客に好かれ、すべての顧客に選ばれる商品は存在しない。

　自分たちの商品はどのような顧客の、どのようなシーンで力を発揮できるのかを把握し、適切な顧客に対して自社の商品を届けられるようにしよう。

ポイント01　定量・定性の両面から情報を集める

自社商品が選ばれる理由と選ばれない理由を把握するには

・CRM ／ SFA などに蓄積されたデータの分析
・顧客と接する部門（営業や販売員、カスタマーサポートなど）へのインタビュー
・既存顧客、失注顧客へのインタビュー
・自分自身で商品を使ってみる

などの手段が有効だ。
　注意したいのはBtoB企業がCRM ／ SFAから情報をインプットしようとする場合である。そもそも情報が入力されていない、入力されていたとしても記述形式がバラバラで、ほとんど分析に使えない企業も多い。
　インプットする情報の質を高めるためにも、マーケターは手足を動かし、商品を自ら使ってみたり、社内メンバーや顧客自身に聞いてみたりする習慣を身につけよう。

ポイント02　傾向を分析する

　情報を集めたあとは、それらを分析し、選ばれる理由・選ばれない理由の背後にどのような傾向があるかを把握する。
　たとえば、リード獲得経路／企業規模／業種／部署／役職／地域／課題やニーズなどの切り口で見ていくと、自社商品が選ばれる理由・選ばれない理由の傾向が出てくることが多い。
　傾向を明らかにし、マーケティング戦略・施策の立案に活かしていこう。

ポイント03　分析結果からアクションを起こす

選ばれる理由・選ばれない理由の傾向を把握したあとは

・選ばれる傾向のあるセグメントに対してアプローチを強化する
・選ばれない傾向のあるセグメントにはアプローチしない

・選ばれない理由を1つひとつ潰していく

ことなどが基本的な方針になる。「選ばれない理由を1つひとつ潰していく」とは、具体的にはマーケティングメッセージや営業トーク、営業資料、商品の機能、価格などの見直しも含まれる。マーケターは「マーケティングメッセージ」の改善に留まらず、商品の機能や価格まで踏み込んで、改善提案することを目指したい。

実践者インタビュー

Profile

株式会社nanocolor　代表取締役　川端康介
健康食品・美容系商材の戦略的ランディングページ制作を得意とする、株式会社nanocolor 代表取締役。2010年の会社設立時から広告出稿媒体に合わせたデザイン／コピー制作、同梱物の制作などを行なう。自身も10年で累計1000本以上のランディングページを制作する現役デザイナー。note・Twitterでデザインを起点にマーケティング／セールスにまつわる発信を行なっている。

「誰にどう販売したら喜んでもらえるのかわからない」——ランディングページを作成してほしい、と当社へお問い合わせいただく広告主の約半数が口にする言葉である。

　自社の商品・サービスには絶対の自信がありながらも、多くの広告主が顧客の心に響くデザイン／コピーを作ることができないのはなぜなのだろうか？

　その理由は大きく2つある。1つ目は「無意識の思い込み」、2つ目は「際立つメッセージを選びきれないこと」だ。

　"美白"化粧水を販売している広告主のケースで紹介する。

　広告主は「くすみ・シミ」に効果がある成分で化粧水を開発し、「くすみ・シミ」がなくなる＝"美白に効果がある"と訴求し、販売する。しかしながら、レビュー

をたどっていくと、高評価をしている顧客は「シミ」について言及しておらず、「くすみ」についての効果を感じるものばかりだった。ここからわかることは、広告主が顧客に"きっと感じてもらえるだろう"と思っていた便益と、顧客の使用前の悩みと使用時に体感する便益が異なっていたことだ。この落とし穴には、商品・サービスに熱い思い入れがあればあるほどおちいりやすい。

　顧客が自社の商品・サービスを選ぶ理由を把握するうえで、考えるべき観点はもう1つある。「競合商品・サービスとの違い」だ。当社にご相談いただく商品・サービスの大部分はすでに競合が市場に数多く存在するが、人は与えられる選択肢が多すぎると選び取れなくなる。

　それゆえ、自社の商品・サービスを選んでもらうための差分を際立たせることが必要である。「より際立つ差分は何か？」は自社商品・サービス同様に競合のレビューを調べる中で見つかる。地道な作業にはなるが、顧客の心に響くメッセージを選び切るには実際の声の分析が欠かせない。

実践者の成功ポイント

・「選ばれる理由」「選ばれない理由」を把握することで無意識の思い込みを外す
・自社だけでなく、競合商品のレビューを見る
・自社の商品・サービスを選んでもらうために届けるメッセージを際立たせる

memo

第 2 章

戦 略

ペルソナを明確にする

解 説

　自社のマーケティング活動を設計するうえで、ペルソナを明確にすることは欠かせない。ペルソナとは「商品を実際に使ってくれるであろう典型的なユーザー像」。ペルソナを明確にし、彼ら／彼女らのニーズを満たすように商品を設計したり、情報行動・購買行動に沿うようにプロモーション戦略を設計したりすることで営業・マーケティング活動は成功に近づく。

　仮にペルソナを決めずにマーケティング活動を進めてしまうと、社内の意見がまとまりにくかったり、各部門・各人がバラバラの施策を打ち出したりして、全体の効率が著しく下がってしまう。自社が狙いたいペルソナを定義し、どのチャネルで認知を拡大するのか、どんなメッセージを届けるのか、商品にどんな機能を持たせるのか、などの認識をチーム内でそろえたうえでマーケティング活動を進めよう。特に会社や事業部門の人数が増え、全員が顧客と接することが難しくなった段階でペルソナを作ると、チーム内に共通認識が生まれ、大きな効果をもたらす。

ポイント01　妄想でペルソナを作らない

　ペルソナを定義する際の項目として「年齢／性別／業種／売上規模／部署／役職／普段の情報収集方法／業務上の課題」などがよく使われるが、妄想で作らないこともポイントだ。

「今どき検索エンジンで情報を収集しているのではないか」「売上500億円以上の規模の会社が課題を持っているのではないか」といった根拠に基づかないペルソナでは、作る意味はほとんどない。定量調査、定性調査を駆使して、根拠を持ったペルソナ作成を心がけよう。

ポイント02　アクションにつながるペルソナを心がける

　また、ペルソナを定義する際の各項目は、自社の営業・マーケティング活動につながる内容である必要がある。たとえば、BtoB商材のペルソナで「休みの日のすごし方」を入れても、実用性は低い。一方、「普段見ているメディア」や「業務上の関心事」などは営業・マーケティング活動に活かしやすい項目だ。

　ペルソナを作成して「自社のマーケティング活動に活かす」という最終目的を忘れずに、ペルソナの定義に取り組もう。

ポイント03　ペルソナ作成に時間をかけすぎない

　ペルソナは重要だが、作成に時間ををかけすぎるのも考えものだ。特にスタートアップや新規事業のように頻繁に市場や顧客、自社の状況が変わったり、どのような人たちを自社のペルソナに設定すべきかわからなかったりする場合は、精度の高いペルソナ作成は難しい。その場合、無理に定義しようとせず、ざっくりでも良いので、チーム内で一定の共通認識を持てるレベルに留めよう。

実践者インタビュー

Profile

株式会社SmartHR　執行役員／VP of Marketing　岡本剛典
2009年にGMOクリック証券株式会社入社。プロダクトマーケティング担当後、マーケティング責任者に着任。デジタルからマスマーケティングを統合したマーケティング・ブランディング戦略の策定、実行を担う。2018年10月、マーケティング責任者としてSmartHRに参画。これまでに約100億円を投下し、幅広のマーケティング・ブランディング戦略を行ない事業成長に貢献。

　どのような課題を持ち、どんなステータス・心理的状態にある顧客がSmartHRを導入してくれるか、を常に考えるようにしている。

　たとえば、自社プロダクトのローンチ間もないタイミングであれば、「新しいもの好きのイノベーター層／アーリーアダプター層でないと導入してくれないだろう」という仮説を立て、IT業界中心に営業・マーケティング活動を行ない実績を作っていった。

　次に、ある程度プロダクトの完成度が高まってきたタイミングでは、具体的に人事・労務の課題を持っているであろう層に対してアプローチする戦略に転換した。

　たとえば、ペーパーレスの恩恵を受けやすい飲食・小売業だ。この業界は入退社が多いことや、複数拠点で展開していることが多いため、紙の処理が煩雑であるという仮説のもとアプローチを行なった。

　さらに、2021年現在では2020年のコロナ禍を背景にテレワークへの需要が高まり、テレワークでの入退社手続き・従業員情報の一元管理に対する課題を持っている企業への導入が進むようになった。

　このように、プロダクトの市場への浸透フェーズや社会情勢などを鑑みて、ターゲットを定めるようにしている。その時々で「どこをターゲットにするのが最適か」を判断するのに重要なのが営業部門からの情報共有だ。週次の定例会議に加え、日常的なコミュニケーションの中でも「直近どういった業界での決定

率が高いか」などの情報を吸い上げるようにすることで、顧客の動向変化をキャッチアップしている。

ターゲットに関してチーム内での共通認識は持てているが、「ペルソナ」として明文化はしていない。SmartHRはプロダクト・ライフサイクル上、成熟期ではなく導入期や成長期にあり、状況の変化が激しい。この市場フェーズで明文化すると組織の柔軟性・俊敏性が失われるデメリットの方が大きいと判断している。

一方で、組織が拡大する中で各部門での情報連携が難しくなりつつある。それを解消するためにマーケティング部門主導でパーセプション・フローモデルを各部門と協力しながら作成し、組織全員の共通認識を作り、それに合わせた施策を実行していく試みを始めている。

これを行なったことで、メンバーからは「ムダな施策や制作物が減って効率が上がりそう」「施策の目的が明確になるため、検証がしやすそう」という声があがっている。

実践者の成功ポイント

- 営業部門の状況を把握し、顧客動向を毎週確認する
- プロダクト・ライフサイクル上、どのフェーズにあるかでペルソナを明文化すべきかを判断する
- 組織の拡大に合わせ、ターゲットペルソナに関する共通認識を持てるように工夫する

カスタマージャーニーを描く

解 説

　ペルソナを明確にしたあとは、「カスタマージャーニー」を作成しよう。できれば、ペルソナごとにカスタマージャーニーを描き、顧客の思考・行動のプロセスを理解しておきたい。

　カスタマージャーニーとは、「顧客が購買に至るまでのプロセス」を旅に例えて表現した言葉だ。

　効果的なマーケティング戦略・施策を実行するためには適切なタイミングとタッチポイントで、適切なメッセージを伝え、顧客とコミュニケーションをとる必要がある。

　顧客がどのように商品やブランドを認知し、興味を持ち、理解・検討し、購買に至ったのか、という道筋を可視化したものを「カスタマージャーニーマップ」と呼ぶ。

ポイント01　妄想でカスタマージャーニーを描かない

「02-01 ペルソナを明確にする」でも触れたが、ペルソナやカスタマージャーニーマップを妄想で作成してしまっては、せっかくのフレームワークが台無しになってしまう。

「営業から説明を受けたあと、社内の複数人に共有するのではないか」「プレスリリースで認知したあと、Webサイトから問い合わせるのではないか」といったファクトに基づかない妄想は極力減らしたい。ひと手間かかるが、定量、定性調査を駆使し、顧客の思考・行動への理解を深めたうえでカスタマージャーニーマップに落とし込んだほうが中長期では圧倒的に時間とお金の削減になる。

ポイント02　まずは粗くても良いから作ってみる

よほど優れたマーケターでない限り、初めから完璧なカスタマージャーニーマップを作成できるケースは稀だろう。最初は簡易的な内容でもかまわないので、まずは手を動かしながら作ってみることが重要だ。

簡易的に作ったものを、社内の営業やカスタマーサポート部門と共有してフィードバックをもらったり、顧客へのインタビューを反映して、新しい発見を書き足していったりするような運用を推奨したい。

ポイント03　作って終わらせず、アクションに移す

まずは粗くても良いから作ってみることと同じぐらい大切なのは、作成したカスタマージャーニーマップからアクションにつなげることだ。

有効なタッチポイントがわかったら、そこに広告を出稿したり、顧客が関心を持つ情報がわかったらコンテンツ作成やウェビナー企画をしたり、とにかく具体的なToDoに落としていこう。

社内の複数人を巻き込んでカスタマージャーニーマップを作成したものの、それ以降は参照されず、お蔵入りしてしまった企業を多々見てきた。文章にすると当たり前だが、カスタマージャーニーマップは作っただけで終わらせないようにしよう。

実践者インタビュー

Profile

株式会社サトー　グローバル営業本部 マーケティング推進部専門課長
江成太一
複数の会社でデジタルマーケティングの推進を経験したのち、2016年に
サトーに入社。一貫してデジタルマーケティングに携わる。現在は、サトー
のマーケティング推進部にて、デジタルマーケティングのコンテンツ作成、
Webサイトリニューアル、Web集客、Pardot・Salesforceのオペレーショ
ン、SATO海外現地法人のマーケティング支援などを担当。

　カスタマージャーニーマップを作成することは、社内外それぞれに価値があ
る。顧客向けの価値としては、顧客の関心事について第三者視点で俯瞰して認
識できるようになることだ。第三者視点で自社商品に向き合わないと「自社が
言いたいこと」に終止してしまいがちになる。カスタマージャーニーマップを
作成することで、大前提となる「顧客は何に困っているのか」という視点に立
ち返り、それに基づき施策を検討することができる。

　社内向けの価値としては、社内に共通認識が生まれ、施策検討などがスムー
ズに行なえることだ。商品や顧客に対して関係者で同じ認識を持つことができ
るので、コミュニケーションに齟齬が生じにくくなる。

　カスタマージャーニーマップを作成する際、必ず行なうのが最も市場や顧客
を知っている部門へのインタビューだ。事前に必要な項目を精査し、関連部門
へのインタビューを行なう。そして、得られた情報を具体的にマッピングして
いく流れで作成を行なっている。

　また、カスタマージャーニーマップを活用して施策に落とし込む際には、複
数の視点を入れるために2人以上で作業を行なっている。特に「顧客がどのよ
うな状況にあるか」「何に困っているか」は重要なので、個人の思い込みにと
らわれないよう気をつけている。

　当社ではメールマーケティングや、コンテンツを作成するときにカスタマー
ジャーニーマップを活用している。マップをもとにメッセージを考えることで、
「顧客の真の課題」に即して伝えることができる。視点を「自社の主張」から「顧

客の課題に寄り添ったメッセージ」に変えることで、顧客からの反応が良い方向に変わってきている。今後は、「顧客がどのように情報収集を行なうか」や「どういった観点でサービス選定を行なうか」といったところまでカスタマージャーニーマップに落とし込むことで、マーケティングの施策設計につなげていきたい。

実践者の成功ポイント

- 顧客や市場を熟知している部門からの意見を聞く
- カスタマージャーニーマップは複数人で作成する
- カスタマージャーニーマップをもとにメッセージを「顧客視点」で捉え直す

3年後の
ありたい姿を描く

解 説

　ここまで紹介したパターンによって手元にはかなりの自社・顧客・競合に関する情報が蓄積されたはずだ。次にマーケティング活動の「ありたい姿」を描いていくわけだが、まずは自分たちが「3年後にどのような状態になっていたいか」を言語化することから始めよう。会社における「ビジョン」をマーケティング組織内でも作るイメージだ。

「ありたい姿」は変化の早い現代において、10年では長すぎるし、マーケターとして就任した直後に10年後の姿を描くことは難しいだろう。逆に1年では短すぎ、本当に大きな絵は描きづらい。

　理想は3年先をイメージしながら、足元の数字もしっかり積み上げられている状態だ。マーケターにはバランス感が重要である。市場や顧客、競合の変化に臨機応変に対応していくこともちろん大切になるが、車の運転と同じで少し先を見ていたほうが正しい方向に瞬時にハンドルを切りやすい。目先の施策のみに捉われず、3年後の理想をイメージしながら戦略を考えていこう。

ポイント01　まずは粗くても良いから形にする

　自社の経営理念や経営戦略、事業戦略と照らし合わせ、どのような状態になっていれば自分たちにとって「勝ち」なのか、その条件がわかっているだろうか。

　理想のマーケティング活動をするための勝利条件から逆算して、マーケティングチームとしてあるべき姿、やるべきことを決めていきたい。あるべき姿は顧客数かもしれないし、顧客から言われている言葉、もしくは社会に与えている影響かもしれない。

　注意すべきは、最初から完璧に仕上げようとしないこと。戦略やビジョンの構築は、一度に完璧なアウトプットを出す「一度きりのイベント」ではなく、日々の発見や変化を反映しながら完成度を高めていく「プロセス」だ。

ポイント02　チームに共有する

　3年後のありたい姿を描いたらチームメンバーにも共有しよう。描いた姿は適切なのか、実現性はあるのか、などのフィードバックがもらえ、精度を高めることができる。

　重要なのは一度共有しただけで終わらないこと。チームメンバーを巻き込みたいのであれば、何度も何度も、折に触れて話し、全員が目指す方向性をそろえるようにしよう。

ポイント03　足元の成果はしっかり出す

　いくら優れた方向性やビジョンを描いていても、日々の業務で成果が出ていなければ、チームメンバーから協力を得られる可能性は低いだろう。

　未来への「情熱」は大切だが、足元の行動や成果から生まれる「信頼」も大きな結果を出すためには欠かせない要素だ。

実践者インタビュー

Profile

株式会社ベイジ
代表／マーケター／デザイナー／ブロガー　枌谷 力
1997年にNTTデータに入社し、4年間営業職を経験したのち、2001年に
デザイナーに転身。制作会社やフリーランスでキャリアを積み、2010年
に株式会社ベイジ設立。BtoB領域を強みとするWeb制作会社の代表とし
て、BtoBマーケティング、UX、デザイン、コンテンツ、組織デザイン、
キャリア設計など、さまざまなテーマでイベント登壇、取材、寄稿などの
活動を行なっている。

「ありたい姿を描く」という観点では、創業時に10年間の数字計画を立てた（先日振り返ったらほぼその通りになっていた）。ほかには、年に一度、自社のオウンドメディアで「今年の抱負」として前年の総括とその年の抱負をアップしていて、そのときに今後の戦略やその年の主な取り組みを言語化している。

　それ以外では、日報を通じて、経営者である自分がそのときに考えていることをこまめに共有するようにしている。

　企業としての「ありたい姿」であるビジョンが従業員の賛同を得られないとき、ビジョンに問題があるのではなく、コミュニケーション不足に問題があるケースが多いように思う。本来、企業が掲げる戦略や計画・ビジョンは絶対的なもの、固定的なものではないにもかかわらず、経営陣と従業員のコミュニケーションが不足しているとすり合わせることができない。ビジョンに対するすり合わせができないと、「この会社が進む方向性は自分と合わないな……」となってしまうが、これは双方にとって望ましい結果ではないだろう。

　ほかには自分たちが掲げる「ありたい姿」が自社で働くメンバーにとっても魅力的なものになっているかも大切にしている点だ。

　たとえば、Web制作業界ではサイトの更新・運用案件を受けることは経営の安定性につながる。しかし、デザイナーやエンジニアの中には新しいモノを作るのが好きで、「更新・運用案件では楽しくない」と考える人もいる。サイ

トの更新・運用案件の受注は経営の安定性の面ではプラスでも、社員満足度の面ではマイナスなので、長期的にはマイナスになりかねないだろう。

　自社のありたい姿を考える際は、事業やマーケティング戦略の側面だけでなく、組織作りの側面においても一貫性を持たせることを意識している。

実践者の成功ポイント

・日報を通じて、そのときの考えをこまめに共有する
・日頃から従業員とコミュニケーションをとることで、すり合わせができるようになる
・自社がありたい姿が組織にとってどうか、という視点を持つ

02-04

ターゲットセグメントを広げる

解 説

　特定の顧客セグメントにアプローチしつづけるだけでは、売上や利益が伸び悩むタイミングが来る。

　ターゲットセグメントを見直すタイミングを見極めることは、マーケターの重要な役割だ。

　競合調査や、アンケート調査を行なう際は、ターゲットセグメントを見直すヒントが得られないかを常に考えてみよう。

ポイント01　新セグメントの可能性を広く書き出す

　最初に、今までやってきたことに捉われず、新たに開拓可能性がある顧客セグメントを書き出してみよう。

　既存のセグメントに対して、

・業界を拡張できないか？
・地域を拡張できないか？
・規模を拡張できないか？

など、セグメントを広げる可能性を考えてみよう。
　新しい視点を手に入れるためには、海外事例の分析も推奨したい。今までにはない視点が手に入り、新セグメントを発掘できる可能性が高まる。
　新セグメント案を広く書き出したあとは、「01-06　独自資源を把握する」と一緒に考え、どのセグメントであれば自分たちの独自性を発揮できるかを考えてみよう。

ポイント02　新セグメントの有効性を確認する

　新セグメントの有効性を見定めるために6Rという考え方がある。
　下記6つの観点でセグメントの有効性を判断しよう。

1. 市場規模（Realistic Scale）：市場規模は十分にあるか？
2. 成長性（Rate of Growth）：市場の成長性は高いか？
3. 競合状況（Rival）：競合関係はプラスに働くか？
4. 優先順位（Rank）：ほかのカテゴリーと比較し優先順位は高いか？
5. 到達可能性（Reach）：そのカテゴリーにサービス提供は可能か？
6. 反応の測定可能性（Response）：反応の効果測定は可能か？

　魅力的に見えるセグメントでも、市場規模が小さい、成長性が低い、競合が多いといった課題がある場合は、追加の調査をするようにしよう。

ポイント03　新セグメントを検証する

　新セグメントの有効性が理解できたら、検証フェーズに入る。
　検証フェーズでは、

・新セグメントのターゲット顧客にヒアリングする

・新セグメント向けの専用ページを作り顧客に見てもらう

などを行なう。

「01-01 顧客にインタビューする」「01-02 顧客を観察する」などとあわせて考えてみよう。

　顧客の解像度が低い中で大きな投資をすると、あと戻りができなくなり危険だ。新セグメントの開拓フェーズでは、小さく検証を繰り返し、顧客からのフィードバックを第一に考えることが大切だ。

　そして、新しい顧客ニーズを理解できたら他部署にも情報共有し、顧客満足度を高めるための改善を繰り返していく。検証フェーズで顧客満足度を高めるポイントを押さえたあとに、投資を強化する流れで考えよう。

実践者インタビュー

Profile

株式会社WACUL取締役CIO（Chief Incubation Officer）　垣内 勇威
東京大学卒。株式会社ビービットを経て、2013年に株式会社WACUL入社。改善提案から効果検証までマーケターのPDCAをサポートするツール「AIアナリスト」を立ち上げ。2019年に産学連携型の研究所「WACUL Technology & Marketing Lab.」を立ち上げ、所長に就任。
現在、研究所所長および取締役CIOとして、インキュベーション本部を管掌。新規事業や新機能の企画・開発および大企業とのPoCなど長期目線での事業開発の責任者を務める。

　株式会社WACULは「テクノロジーでビジネスの相棒を一人一人に」をビジョンに掲げる。1社1社に合わせてコンサルティングしていたノウハウを自動化するため「AIアナリスト」を2015年に開発。2018年に「AIアナリスト SEO」、2019年に「AIアナリスト AD」をリリースし、新しい顧客セグメントを開拓してきた。

　大前提として、顧客セグメントを広げる際はPMF（プロダクトマーケットフィッ

ト）していることが重要となる。プロダクトが顧客の求めるレベルに追いついていない中で無闇に顧客セグメントを広げてはいけない。

　AIアナリストSEOやADの初期販売フェーズは、テスト的にサービス提供を行ない、仮説検証を繰り返しながら顧客セグメントを特定してきた。既存・新規顧客それぞれで、どれだけ売上を作れるかを考えながらマーケティング計画を組み立ててきた。

　具体的な仮説検証を回すうえでの考え方を紹介したい。顧客セグメントを広げる上で、下記2つのポイントを押さえることが重要となる。

　1つ目は、セグメントを決定する前に、リアルな顧客に対面してニーズをつかむことだ。具体的には、コンサルティング現場で顧客課題やニーズをつかみ、組織全体にフィードバックする役割を自身が担ってきた。顧客を中心に考えつづけてきたため、ズレた機能開発や顧客アプローチを防いできた。社内に顧客視点で考え抜く専任担当を配置することは、成功確率を高めるためには重要だ。

　2つ目は、顧客セグメントを最初から決め打ちしないことだ。最初からセグメントを決め切って動くより、検証しながら最適なセグメントを調整する、顧客セグメントを最初から決め打ちしない考え方を持つことが重要だ。

　また、むやみにセグメントを広げて組織体制が追いつかずサービス品質が落ちてしまうことも避けたい。サービスが顧客満足度を高めつづけられる体制を築くことも意識しておこう。

　このように、顧客視点と組織視点を往復しながら、最適なセグメントを調整することが新サービスのマーケティングでは基本となる。

実践者の成功ポイント

・顧客セグメントを広げる前にPMF（プロダクトマーケットフィット）していることが大前提
・新しい顧客セグメントにアプローチする際は、決め打ちではなく仮説検証を回す
・顧客ニーズとズレたアクションが起きないよう、顧客に対面してニーズをつかむ

戦略を言語化する

解 説

　戦略論の大家、リチャード・P・ルメルト の著書『良い戦略、悪い戦略』（日本経済新聞出版）では、「戦略とは、組織が前に進むにはどうしたらよいかを示すものである。」と書かれている。

　つまり、マーケティング戦略とは「組織が前に進むにはどうしたらよいかを示すもの」と言え、組織が進んで行くためには大なり小なり必要になる。『みんなに好かれようとして、みんなに嫌われる。（勝つ広告のぜんぶ）』（仲畑貴志、宣伝会議）という本があるが、ビジネスにおいてもすべてのことをやろうとすると、すべてのことがうまくいかなくなる。

　自社のマーケティング戦略を言語化し、やるべきこと／やらないことを明確にしながら進んで行こう。

ポイント01　シンプルに表現する

　　事業戦略の例として有名なのは、Amazonのジェフ・ベゾスがレストランの紙ナプキンの裏に書いたとされる以下の図だろう。低価格を生み出す仕組みが優れた顧客体験につながり、サイトが成長し、さらなる低価格や顧客体験の向上につながることを示している。

　　このように簡潔な図で表現できると戦略の要点がすぐに伝わるメリットがあるが、資料やテキスト、動画など、メンバーにとって伝わりやすい表現であれば問題はない。自分が作りやすい表現で戦略を形にしていこう。

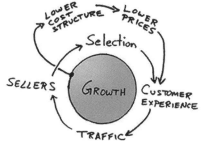

出所：Amazon.jobsHPより：https://www.amazon.jobs/jp/landing_pages/about-amazon

ポイント02　戦略立案のプロセスにメンバーを巻き込む

　　社長やよほど業界に精通したプレーヤーでない限り、1人の視野はどうしても限られてしまうし、視点の抜け漏れが発生してしまう。現実問題として、誰か1人で作った戦略に共感・協力してもらう難易度も高い。

　　自社のマーケティング戦略を立案する際は、自分1人で取り組まず、必ず、チームメンバーを巻き込むようにしよう。戦略構築のプロセスに協力してもらう中でメンバーに「戦略」に対する主体性が生まれ、実行フェーズの推進力が何倍にもなる。

ポイント03　コンテクストを共有する

　　戦略立案やそのあとの実行においてキーとなる要素に「コンテクストの共有」がある。

「戦略は○○です」「戦略を△△に変更します」と伝えるだけでは、メンバーの納得や共感は得られない。

・そもそもなぜ○○を戦略としたのか

・その背景にあるファクト情報や意図は
・戦略を△△に変更した理由やきっかけ
・△△の戦略で進めてみての気づきや成果

などのコンテクストを随時共有することで、メンバーは納得感を持って、戦略を実行できる。

実践者インタビュー

Profile

株式会社ベイジ　代表／マーケター／デザイナー／ブロガー　枌谷 力
1997年にNTTデータに入社し、4年間営業職を経験したあと、2001年にデザイナーに転身。制作会社やフリーランスでキャリアを積み、2010年に株式会社ベイジ設立。BtoB領域を強みとするWeb制作会社の代表として、BtoBマーケティング、UX、デザイン、コンテンツ、組織デザイン、キャリア設計など、さまざまなテーマでイベント登壇、取材、寄稿などの活動を行なっている。

「02-03 3年後のありたい姿を描く」の実践者インタビューで回答した通り、年に1回、自社のオウンドメディアで「今年の抱負」として前年の総括とその年の抱負をアップし、そのときに戦略を整理することが多い。オウンドメディアの記事として言語化するのは、社員に理解してもらうためと、言語化しておかないと自分の判断や行動がブレてしまうのではないか、という不安があるためだ。

　当社の場合は、戦略を入念に検討・作成するよりも、創発的に作っている部分が多い。経営学の世界では「創発的戦略」と呼ばれるもので、予期されない機会や意図的な戦略を実行している中で発生する問題または機会に対処する過程で事後的に形成される戦略のことを指す。

　戦略を発信するうえでは、実現するに足る実力や基盤が自社にあるかを見るようにしている。少しずつジャブを打ち、一定程度カタチになってから明確に

戦略として掲げるケースが多い。たとえば、「BtoB × Web 制作」のポジションを強みにしたい、という意志は以前から持っていたが、コーポレートサイトのキャッチコピーにするまでに7年程度の期間がかかった。戦略や方針を決めると、翌日から実行に移す、というスタンスもあるが、新しい戦略によって既存の事業や組織がマイナスの影響を受けてしまうなど、必ずしも良いことばかりが起きるわけではない。

　以前、知り合いのある会社から「"デジタルマーケティングエージェンシー"と掲げたあとに、問い合わせ数が10分の1程度に落ちてしまった。元に戻すためにリニューアルをしたい」という相談をもらったことがある。「これは、マーケティングの一施策を手掛けていた同社が、より上位のカテゴリである"デジタルマーケティング"市場を戦略的に狙いに行った。しかし、(デジタルマーケティングを依頼したいというニーズ自体は相当数あると思われるが)顧客側は"デジタルマーケティングエージェンシー"という言葉を使って探すことはしておらず、それゆえに新規顧客獲得数を大幅に減らすことになってしまった」という話だ。

　戦略を言語化・実行しても、当然それが外れる場合もある。自分たちの足場を固めながら、創発的に決めていく、というスタンスも重要だろう。

実践者の成功ポイント

・自分の判断や行動がブレないように戦略を言語化する
・入念に検討・作成する意図的戦略と創発的戦略を併用する
・いきなり戦略を掲げるのではなく、自分たちの基盤固めや仮説検証をしながら、戦略を採用する

やらないことを決める

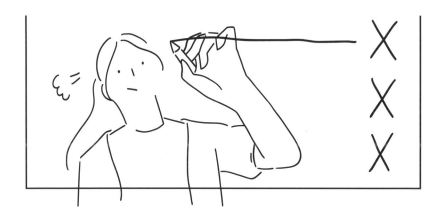

解 説

　戦略とは、目的を達成するために何をやり、何をやらないかを決めることだ。

　よく言われることであるが、やらないことを決めている組織は少ない。マーケティングの仕事はとにかく選択肢が多い。

　たとえば、デジタルマーケティングの打ち手だけでも、検索広告、SEO、SNSなど、やったほうが良いことにあふれている。

　選択肢が多い中で、マーケターはやらないことを決める役割を担い、チームの時間とお金を重要なアクションに集中させよう。

ポイント01　打ち手に撤退基準を作る

　新規事業を立ち上げる際に「撤退基準」を決めることが重要だと言われる。ユニクロの柳井正社長は、新規事業開始時は撤退基準を必ず明確にすることで有名で、計画通りの売上が作れていないことは差別化ができていないことだと語っている（参考：『一勝九敗』新潮文庫）。

　マーケティングの打ち手にも撤退基準を作ろう。

　どの状態になったら失敗で、投資をストップするのかをあらかじめ決めておく。成果が出ていない打ち手を見える化して、やめる基準を作っておければ、ムダな打ち手を少なくすることができる。プロジェクトや施策を動かしはじめたら、撤退基準を決めよう。

ポイント02　やめることを決める会議を定期的に作る

　どの組織も、新たに取り組むことを決める会議は多いはずだ。取り組むことが決まることは良いことであるが、タスクが増えつづけ、打ち手の優先順位が定まらない状態になることは避けたい。

　優先順位が決まらずタスクが増えつづけることへの解決策として、定期的に「やめる取り組みを決める」ことだけを目的とした会議を作ることを推奨する。やめることを決める習慣を組織に根づかせることで、最重要のアクションに集中することができる。

　また、取り組みだけではなく、アプローチするべきではない顧客セグメントや、削除するべき商品機能なども考えてみよう。

　やめることを決めることで、やるべきことが見えてくる。

ポイント03　やらないことの「鉄の掟」を作る

　やらないことの「鉄の掟」を作ろう。

　鉄の掟とは、絶対にやってはいけないことのルールと捉えてもらいたい。

　やらないと決めたことを守りつづけられる組織は強い。

　どのような「鉄の掟」を作っている企業があるかをご紹介したい。

　NC装置や小型ロボドリルなどで有名なファナック株式会社は「世界シェア

をとれるコア領域にリソースを集中投資」することを掲げている。逆に、世界シェアを獲得できないことには手を出さない。

　また、高収益企業として有名な株式会社キーエンスは粗利80パーセント以上にならないと商品化されないルールがある。結果として、世界中の多くの工場や製造現場に組み込まれている商品を生み出し、高利益率を誇る優良企業になっている。

　ルールは1回決めれば十分なわけではない。日々「やらないこと」を更新していくことで戦略は磨かれていく。やらないと決めたことは「鉄の掟」として遵守する。遵守しないと意味がない。

「やってはいけないこと」を決めて遵守する仕組みを作ろう。

実践者インタビュー

Profile

株式会社JX通信社　マーケティング・セールス局マーケティング マネージャ
松本健太郎
龍谷大学法学部卒業後、データサイエンスの重要性を痛感し、多摩大学大学院で統計学・データサイエンスを"学び直し"。デジタルマーケティングや消費者インサイトの分析業務を担当したのち、JX通信社に参画。現在はAIリスク情報配信サービス「FASTALERT」、ニュース速報アプリ「NewsDigest」のマーケティングを担当している。

　マーケティングを考えるときの大前提は、質より量。率の担保ではなく、量の担保を意識しよう。

　明確な勝ちパターンが見えているなら、施策を絞って、どんどんやれば良い。しかし、経験やファクトがないまま「やらなくていい」と決めつけると、データの量が担保できなくなる。

　量と質のどちらが先かというと、確実に量。まず量を担保できれば、質を高めていける。特に成長期の組織であれば「獲得単価を守って目標件数に達しない方針」よりも「多少オーバーしたとしても量を担保する方針」のほうが、結

果的に成功しやすい。失敗から学習しながら、改善を回していくことができるからだ。

逆に、質を優先してしまうと、保守的な施策しか取り組まなくなり改善に必要な量を確保できなくなる。

BtoBとBtoCで、事業の伸ばし方は変わる。BtoCは爆発力のある伸び方をするが、BtoBは外的要因でもないと爆発的な伸びは難しい。Zoomのような伸び方は、コロナ禍という外的要因が大きく再現性が低い。

都市開発シミュレーションゲーム「シムシティ」でたとえるなら、人口1万人の町が「人口50万人を目指すのがBtoC」、「着実かつ確実な積み重ねで人口2万人を目指すのがBtoB」だ。

質の改善に足るデータがない状態で「率を前提にしたマーケティング施策」、たとえば頻繁なサイトリニューアルやA／Bテストは効果が薄いだろう。新しいチャネルの開拓のほうが有効だ。

マーケティング組織立ち上げの初期段階では、細かく数字を見ずにすぐに意思決定を下すことが重要だと考えている。BtoBの場合は、業務で追うべき指標は王道の「THE MODEL」のプロセスで十分。たとえば、リードの獲得の経路で「広告か、展示会か」までは見てもいいが、「どの展示会で、何人に接触して、何件リード獲得できて、商談化は何件で……」まで細かく見るのは、あまり意味がない。数字は、作ろうと思えばいくらでも作れる。細かい数字に注目するのは、修羅の道となる。

追う数字の範囲を無理に広げる意味はない。マーケティング戦略の中でセンターピンではない数字、本質ではない数字は増やさないほうが良い。

実践者の成功ポイント

・センターピンを見極め、本質ではない数字を増やさない
・目的・目標達成のためのセンターピンを見極める
・成長フェーズでは質より量を重視する。やらないことを決める

重要成功要因（KSF）を策定する

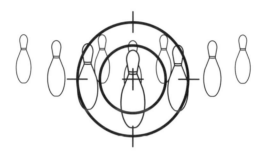

解 説

「来期の売上目標はこのラインまでもっていく」「広告のCPAはこの数字を目標とする」——このような、目標数字だけが独り歩きしている状態になっていないだろうか？

目標数字を設定しただけではチームは動けない。

目標を達成するための重要成功要因を特定することがマーケターの役割である。この重要成功要因は「KSF（Key Success Factor）」と呼ばれる。

各種フレームワークを使った分析やデータ分析などは、KSFを導き出すことを頭に入れて取り組もう。

ポイント01　KSFとKPI・KGIの関係性を理解する

　最初に、KSF（重要成功要因）とKPI・KGIの関係性を理解しておこう。
KSFと指標の関係性を整理すると、

・KSFを数値化した指標がKPI
・KSFの先にある目標を数値化した指標がKGI

となる。
　つまり、KSFとKPI・KGIはセットで考えることが重要ということだ。

・指標（KPI・KGI）
・重要成功要因（KSF）
・行動

　この3つをセットで考えられると、効果測定と改善の精度が高まり、成果に
もつなげやすくなる。指標、重要成功要因、行動それぞれの関係性を理解した
うえで、自社内で定義をしよう。

ポイント02　フレームワークから根拠あるKSFを設定する

　根拠を持ったKSFを策定するためには、組織内外の分析を事前に行なうこ
とが重要となる。自社の強みや弱み、市場や競合環境などを、各種フレームワー
クを活用して分析しておくことで、根拠あるKSFを設定することができる。
　PEST分析、SWOT分析、3C分析など、基本フレームワークを活用して、戦
略にかかわる情報をまとめておくことを推奨する。
　筆者（黒澤）が作成したマーケティングトレースのワークシートも参考にし
てもらいたい。フレームワークはあくまでツールではあるが、情報を効率的に
整理するのに役立つ。重要成功要因の特定を意識したうえで活用していこう。
・『マーケターの筋トレワークシート』を大公開！＃マーケティングトレース
(https://comemo.nikkei.com/n/n8c3c12ef1431)

ポイント03　重要成功要因と指標は念仏のように唱えつづける

　定めた重要成功要因や指標は、毎日唱えて組織に浸透させよう。

　設定しただけでは意味がない。「決めた指標と連動したアクションをとれている状態になっているか？」「定めた重要な行動が徹底できているか？」をマーケターは随時チェックしよう。週次の会議があれば、最初にKSF・KGI・KPIを確認するようにアジェンダに組み込むことは効果的だ。

　定めたKSF（重要成功要因）は、組織内で共有、浸透できている状態を目指そう。

実践者インタビュー

Profile

株式会社Funda　代表取締役　福代和也
「日本人全員が決算書の読める世界を創る」をビジョンに、財務数値から企業を特定する「会計クイズ」や、決算書の読み方が学べるアプリ「Funda」を運営。著書『世界一楽しい決算書の読み方』（KADOKAWA）は発売1年で20万部突破。

　会計クイズは、企業の財務諸表をクイズ形式のユーザー参加型で届けるビジネスエンターテイメントコンテンツだ。

　会計クイズのKSFは「コンテンツの面白さ」と初期段階で戦略を策定した。また、KSFに連動するKPIは毎週Twitterで更新される会計クイズへの参加者数、イベント参加者数としている。

　戦略をまとめてお伝えすると、「KSF＝コンテンツの面白さ」「KPI＝会計クイズとイベントの参加者数」「重点行動＝コンテンツの独自性を磨く」と整理することができる。

　会計クイズは、教育コンテンツではなくエンターテインメント、つまり「コンテンツの面白さ」に振り切ったことが成功要因であった。会計の分野はコンテンツが面白くないことが当たり前の状態になっていた。従来通りの会計学習コンテンツでは、わかりやすさを追求しても興味を持つ人は少ないと考えた。

そのため、コンテンツ閲覧者が「会計コンテンツを面白がってもらえる方法」を徹底的に考え抜いた。

　退屈になりやすい会計の勉強を、どうすれば「自分事として捉えてもらえるか？」を考えた結果、クイズ形式で誰でも楽しみながら参加できる仕組みに辿り着いた。コンテンツの準備段階では、クイズで扱う企業をどうすれば面白いと思ってもらえるかを徹底的に考えている。

　重要成功要因を決める際に参考としたのは、ウェザーニューズ社のビジネスモデルだ。ウェザーニューズは、コミュニティ会員が優位性を支える根底にある仕組みを作っている。

　個人サポーター、企業サポーターなどがコンテンツを支える「BtoS事業（Sはサポーター）」の仕組みを参考にした。

　会計業界では見逃されていた「楽しみ」に焦点を当てたコンテンツ作りと、「ユーザー参加型」の仕組み作りを意図的に行なってきたことが、会計クイズの参加者数が増えつづけている理由だと考えている。

実践者の成功ポイント

・事業立ち上げの初期フェーズでKSFを特定する
・KSFとKPIと重要行動をセットで整理する
・重要成功要因を特定するうえで優良企業のビジネスモデルを参考にする

実行に必要なリソースを
用意する

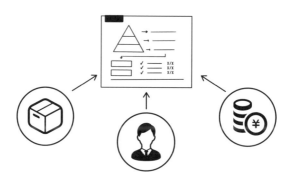

解 説

　いくらきれいな戦略を描けても、それを実行に移さなければ成果は出ない。しかし、リソースが足りないがゆえに、やるべきことが明確なのにもかかわらず着手できていない企業が多い。

　意外に見落としがちな点だが、実行リソースの有無は成果に決定的に影響する。

　マーケティング組織の立ち上げや、プロジェクト開始前は、実行リソースを十分に確保しよう。

ポイント01　専任者を置く

　次々と事業を成功させている某上場企業経営者が「新規事業は兼務では難しい。集中しないとうまくいかない」と言っていたが、マーケティング目標を達成する一連のプロセスも、1つの事業立ち上げに近い行為だ。

　マーケティング担当者が兼務だと、たとえば、本来1週間で終わる打ち手に1カ月以上かかることがある。また、「四六時中、自社のマーケティングについて考えている」状態にはほど遠いので、新しいアイデアも出にくい。知見の蓄積も遅くなってしまい、専任の担当者と比べて、成果を出すまでの期間が2〜3倍に伸びる。

　スタートアップ企業の経営や新規事業を兼務で進める人が少ないように、マーケターも兼務ではなく、最低1名は専任で確保することが望ましい。

ポイント02　意思決定者もコミットする

　意思決定者のコミットメント不足も実行が止まる大きな要因だ。「マーケティングを強化したい」と言っていても、次のような姿勢でマーケティングと向き合っている場合は、残念ながら成果は出ないだろう。

・マーケティングの定例会議に出席しない
・施策の実行を部下に丸投げし、進捗もモニタリングしない
・施策が進んでいなくても、人的、予算的リソースの追加投入をしない

　戦略や戦術、個別のマーケティング施策の巧拙の前に、「意思決定者のコミットメント」があるかどうかによって、マーケティングの勝敗は決まってくるのだ。「BtoBマーケティング専門のコンサルタント」という外部支援者の立場から言うと、意思決定者のコミットメントがあるプロジェクトと、ないプロジェクトでは、難易度が100倍違う。コミットメントが得られない場合は、ほかに優先順位の高い経営課題があるのかもしれない。物事にはタイミングがあるため、意思決定者がやる気になるまで待つことを推奨している。

ポイント03　外部の知見を借りる

　意思決定者のコミットメントがあり、専任のマーケターを置いたとしても、社内にマーケティングの知見がないと、どうしても戦略や計画の精度が低くなり、時間とお金をムダにしてしまう。筆者自身も、事業会社にいたときに、見よう見まねでBtoBマーケティングを担当し、時間とお金をずいぶんとムダにしてしまった。

　そんな実体験を経ておすすめしているのは、意思決定者と現場担当者、外部の専門家パートナーがチームを組んで、プロジェクトを進める方法だ。幸い、マーケティングの経験者も少しずつ増えている。また、副業・フリーランスという新しい働き方の広がりも影響して、知見を持った人材にアクセスすることが昔に比べて簡単になっている。意思決定者と現場担当者、外部の専門家パートナーの三位一体の体制で戦略・施策の実行を進めていこう。

実践者インタビュー

Profile

SO Technologies株式会社　執行役員CMO　長谷川智史
1979年生まれ。株式会社オプトを経て、2008年株式会社ビービットに入社。コンサルタントとして大手企業・Web系先端企業のWebマーケティング改善に従事。2012年ソウルドアウトに参画。成果改善部門や自社メディアLISKUL立ち上げを経て、2016年取締役CMOに就任。2021年4月より現職。

　前提として、「餅は餅屋」という言葉通り、自分のわからない専門的なことは外注し、自分が知っていることについては内製するようにしている。

　社内や社外を巻き込みながら戦略を実現させていくためには信用と情熱が必要だ。そのどちらかが欠けても難しく、信用はこれまで社内外で積み上げてきた結果によって、情熱は自分がそのプロジェクトを牽引して絶対に成功させるという意思によってもたらされる。

社外リソースを活用する際には予算の問題がつきまとうが、ここでも前述の「信用と情熱」が必要だ。積み上げてきた信用をもとに、予算を確保するに足るシミュレーションを作成して、全力でその達成にコミットする。戦略を実現させようと本気で思うのであれば、そのリスクを背負う覚悟が重要になってくるし、実行に必要なリソースを引っ張って来られないのであれば信用や情熱のどちらかが足りないのかもしれない。

　SO Technologies株式会社が展開しているオウンドメディア「LISKUL」は内製で社員が記事を書いて立ち上げたメディアだ。最初は記事を書くメンバーを少数に絞り、責任者である自分が1人ひとりを口説き回り、協力を仰いでいった。ここでも信用と情熱が重要で、「あの人が言っているのだから、きっとやる価値がある」と思ってもらえるような実績や関係性を日頃から築いておく必要がある。

　一度プロジェクトが走り出すと、プロジェクトチームの様子を見て「自分もやりたい」と情熱を持って意思表示をしてくれる人も出てきた。また、業務を型化しておいたため、新卒メンバーが入ったタイミングで記事作成をまかせることができ、新卒メンバーの情熱も相まってヒット記事を連発できた。

　初期メンバー、二期メンバー、新卒メンバーと情熱の連鎖を絶やすことなく、プロジェクトを推進できたことが目標達成の大きな要因だった。

実践者の成功ポイント

・まずは日々の業務の中で信用を勝ち取る
・目標達成にコミットする情熱を誰よりも持つ
・初期のプロジェクトメンバーは自分自身で口説く

どこでNo.1になるかを 決める

解説

戦略を考える際は、特定のカテゴリーで1番に思い出される存在になることを意識しよう。これは「第一想起獲得」と表現される。顧客の頭の中に「このカテゴリーの製品・サービスを導入するなら○○（ブランド名）」と思い出される存在になることで、顧客から選ばれやすくなるため、CACを下げたり、リピート発注を見込みやすくなるため、LTVを高めることにつながる。自分たちが第一想起獲得をできるカテゴリーを見定めよう。

ポイント01 強みを発揮できるカテゴリーを選ぶ

No.1になるカテゴリー選定をする際のポイントは、自分たちの強み、提供価値に合った領域を選ぶことだ。自分たちの強みが発揮できないカテゴリーでは、仮に第一想起を獲得できても、持続的な売上、利益につながらない。

第一想起を獲得できるカテゴリーを見つけるために、

・自社にしか提供できない価値を発揮できる領域はどこか？

・競合が少なく、参入障壁が高い領域はどこか？

・顧客が存在する（これから増える可能性がある）領域はどこか？

　この3つの問いに向き合いたい。

　自社が独自の価値を提供できるカテゴリーを獲得できれば、顧客獲得コストを下げたり、LTVを高めやすくなる。

ポイント02　No.1になるためのアクションを決める

　第一想起を獲得するカテゴリーを決めたら、具体的なアクションを決めていく。

　そのカテゴリー内で第一想起を獲得するために

・どのチャネルを使って認知を高めるのか

・どれくらいの投資をするのか

・どのようなメッセージを伝えるか

を具体的な計画に落とし込んでいこう。

「03-04 メッセージに一貫性をもたせる」や「03-05 特定のチャネルを独占する」などのパターンを参照しながら、自分たちに合った第一想起獲得のための方法を見つけ出そう。

ポイント03　マインドシェア率を高める

　シェア率という言葉が使われるが、シェア率の定義があいまいになってしまっているケースが多い。

　シェア率の考え方は2つあり、

・市場シェア率

・マインドシェア率

をマーケティング戦略を考える際には活用することを推奨する。

市場シェアとは、特定の市場カテゴリーにおいて自社がどれだけ売り上げを占有できているかの指標である。マインドシェアとは、顧客の頭の中で思い出される確率のことである。たとえば、「牛丼と言えば、まずどこを思い浮かべるか？」と質問された際に、回答されるブランドはマインドシェアが高い状態だ。マーケターは、市場シェア率だけではなくマインドシェア率を高めることを頭に置き、施策を考えよう。

実践者インタビュー

Profile

ベルフェイス株式会社
Marketing Division / Brand Marketing Team / Manager
富安 洋平
大学卒業後、デジタルマーケティング支援サービスやSaaSツール提供会社にて営業からCS、マーケティングまで、現場とマネジメントを経験。その後1年間、フリーランスとしてBtoB企業向けにマーケティングのコンサルティングを提供。
その後入社したベルフェイス株式会社では、顧客・競合分析や市場調査などのデータからマーケティング戦略の立案、デジタルマーケティングやABM戦略の実行を推進。

　第一想起は消費者の嗜好の変化や競合企業の動きによって日々変化する。そのため事業フェーズや市況により、対外的にも対内的にも打ち手を変化させる必要がある。自分たちの取り組みを例に、施策の流れを紹介する。
　まず事業の初期は商品カテゴリー（「オンライン営業システム」）に現在ほど競合はいなかった。一方で、その商品カテゴリーを自分たちでさらに確立し、課題を持つ潜在顧客に商品を認知・使用してもらい、売上を立てる必要があった。
　良さが比較的伝わりづらい無形商材の認知を効率的に広めるため、まず営業活動に力を入れた。商品特性上、営業に課題のありそうなターゲットに対し、何がどのように解決されるのかを商品のデモを表示しながら営業現場で丁寧に

説明していった。

　自社商品が顧客に役立つとわかり、営業プロセスが確立されてきた段階で、認知獲得を目的にマスを中心とした広告施策に取り組んだ。商材が営業ツールのため、購入者である営業を行なう側だけでなく営業を受ける側にも自社の強みが伝わるCMクリエイティブに仕上げた。この施策が奏功して純粋想起、助成想起ともに向上した。

　上記の広告施策が進むと、出演しているタレントや特定のフレーズの認知が想起されやすい一面も確認できた。それを受け、組織として本来もっと訴求すべき想起を打ち出す必要が出てきた。そのため営業、マーケティング、開発、経営企画など部門横断で集まり、事業のミッションや商材の方向性、商材のコンセプトや便益を言語化していった。これにより、自分たちの商材に関する詳細な共通認識を組織全体に築けた。

　最後に、策定した商材のコンセプトがどれほど市場に浸透し、消費者にどう認知されているのかを定量・定性的に確認できると良い。事業の黎明期には存在しなかった競合他社がシェアを拡大していたり、消費者が狙っていた想起と異なる概念で自社商品を認識し他社と混同していたりする。そうした場合、市況に合わせて「どの第一想起を取るべきか」を考え直し、自社施策に落とし込む必要がある。

実践者の成功ポイント

・商品カテゴリーを新しく創り出す場合、営業現場で顧客の反応を得る
・どのようなメッセージを届けるべきかは対内的にも整理しておくと事業推進上、プラスになる
・自社のコンセプトやコアメッセージは定期的に調査して改善をしていく

LTVを伸ばす

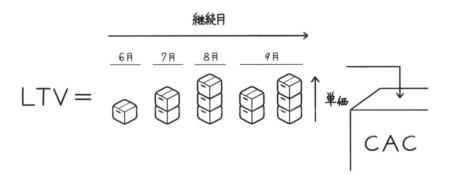

解 説

「01-08 ユニットエコノミクスを把握する」でも一部解説したが、マーケティング活動を推進するうえではLTVとCACの関係に着目する必要がある。

しかし、驚くほど多くの企業やマーケターがCPA（Cost Per Acquisition・獲得単価）やCACの削減のみに意識が行っている。より重要なのは、LTVを伸ばして、CACに投下できる十分な余力を確保することだ。

マーケティングの観点ではLTVが大きく、許容CACが大きいと、いろいろなマーケティング施策が選択肢に入り、事業の拡大スピードを上げやすい。

具体的には、TV CMやタクシー広告などのマス広告やカンファレンスを主催するなど、コストのかかるマーケティング施策をとれるようになる。

ポイント01　CACは一定以下には下がらないことを理解する

　筆者がさまざまな企業のマーケティングプロジェクトにかかわる中で、見落とされがちだと感じる大前提がある。それは「マーケティング活動のCACは無限には下がらず、一定以上のコストがかかる」ということだ。当然、商品発売の初期は関係先に売れ、口コミで広がるケースもあるが、事業の拡大を目指した段階で広告投資や営業人員の増加、出店店舗数を増やすことは必須になる。「CPAを○○万円以下にする」「目標のCPA以下で運用できるチャネルを見つける」といった点を議論することも重要だが、本質的にやらなければいけないのは、LTVを伸ばしてCACに投下できる十分な費用を確保し、良質なマーケティング活動ができる土台を作ることである。

ポイント02　単価を上げるか、継続月数・購買回数を伸ばすか

　LTVは一顧客あたりの月次利益 × 継続月数、もしくはリピート購買回数で算出できる。一顧客あたりの月次利益を増やすには一顧客あたりの単価を上げるか、原価を下げるかのどちらかだ。継続月数・リピート購買回数を増やすには、継続率を上げるしかない。

　自社のLTV、CACを因数分解してみて、どの指標は伸ばしやすく、どの指標は伸ばしづらいのかを把握しよう。単価を上げやすいビジネス、原価を下げやすいビジネス、継続率を増やしやすいビジネスなど、商品ごとに特色がある。

ポイント03　プロモーション以外にも踏み込む

　マーケティングの4P（Product、Price、Place、Promotion）のうち、プロモーションのみを扱っているだけではLTVを上げることはできない。マーケターには、プロダクトやプライスも視野に入れた戦略立案、社内への意見提供が必須になる。

　プロモーション施策のオペレーターではなく、本当の意味でのマーケターになるために、広い視野を持って自社商品が持続的に売れる仕組みを作っていこう。

実践者インタビュー

Profile

freee株式会社　執行役員／SMB事業部長　川西康之

1983年富山県生まれ。東京大学法学部卒。在学中に友人らとWebマーケティング会社を起業。自社の経営と並行して、他社取締役としての業務や一般社団法人設立・運営など複数法人の経営業務全般に従事。2016年5月よりfreeeに参画し、事業開発部のマネージャーとなり、2016年10月より個人事業主向け事業の統括を務める。2017年4月よりマーケティング統括を兼任。

会社の法人登記書類を無料で作成できるサービス「会社設立freee」を例に解説したい。同サービスではクラウド型の会計ソフトを利用することで、会社設立当初から会計の見える化ができ、骨太な経営ができることを訴求していた。

しかし、法人登記直後の顧客は会計ソフトにお金をかけることが難しく、ミニマムプランでご利用いただくため、LTVの観点では少額になることが多かった。そこで、会計ソフトだけでなく、法人登記のタイミングで必須となる周辺商材（たとえば、名刺やWebサイト、法人印鑑）もセットで提案できるような仕組みを整えることでユーザーの利便性を高めながらも、LTVを向上させることに成功した。特に法人印鑑は当初の想定をはるかに上回るほど多くの顧客に購入いただいている。

同様の事例として挙げられるのが創業時から使える事業用クレジットカード「freeeカード」だ。創業時から事業用のクレジットカードを提供することで決済をカードに集約させ、クラウド会計ソフトの最大の強みである「経費精算から会計処理まで一気通貫で自動化できる」という部分を体験してもらえるようになる。会計ソフトをご利用いただくうえでの理想的な顧客体験を提供することで、解約率を劇的に低下させ、LTVの向上を実現している。「freeeカード」を利用していないユーザーと利用しているユーザーでは解約率にも大きな開きが出ている。

上記のような取り組みによりLTVが向上し、さまざまなプロモーション施策

の投資対効果が合うようになり、獲得系の媒体だけでなく、認知系の媒体にもチャレンジできるようになった。結果として、認知の向上につながり、より多くの顧客に使っていただけるようになる、という理想的な流れが実現した。

　LTVやCACの考え方は意識しないとなかなか社内に浸透しない。マーケターはCACばかりに目が行きがちだが、追うべき指標としてLTVも設定し、ユニットエコノミクス全体の最適化を徹底するようにマネジメントを行なっている。

実践者の成功ポイント

- 顧客にとって必要だと考えられる周辺商材を見極める
- 購入する必然性のあるタイミングで提案する
- LTVを重要指標として、ユニットエコノミクスの最適化をするためのマネジメントを行なう

memo

第 3 章

集 客

03 − 01

顧客がいるチャネルに
露出する

解 説

集客効率を最大化するために、「どのメディアに広告を出稿すると良いのか？」「どの販売チャネルを強化するのが良いか？」——頭を悩ますケースは多い。

集客施策を検討する前に、顧客の行動プロセスを正しく理解するようにしよう。顧客が購買検討段階で利用しているメディアやコミュニティを特定できると、効率的にアプローチできる。集客効率を高めるための基本は「顧客がいる場所に露出する」である。「調査」カテゴリーの各パターンを実践する中で理解した顧客行動をもとに効率良く集客を行なおう。

ポイント01　顧客に直接聞く

最初に、どのメディアやチャネルが重要かは「顧客に直接聞く」ようにしたい。たとえば、

・既存顧客アンケートを実施し、情報収集に使っているメディアを聞く
・新規、既存顧客ともにインタビューを実施し、自社や競合商品を採用した購

買プロセスを確認する

などから始めることを推奨する。

　顧客に直接聞くことで、Google Analyticsや広告データからだけでは見えてこない顧客にとって重要なチャネルが見えてくる可能性が高い。

　たとえば、筆者が過去に実施したリサーチでは、情報システム部門向けの勉強会やコミュニティが商品の主要な認知経路になっていたケースがあった。

　ほかにも、Webサイトのお問い合わせフォームで認知経路を聞く項目を設定することは実践しやすい。顧客の認知経路に関するデータを蓄積し、顧客にとって重要なチャネルに集中投資をしよう。

ポイント02　競合分析からヒントを得る

　集客効率の高いチャネルを発見するためには、競合分析も有効だ。

　たとえば、同じ顧客セグメントに対してサービスを展開している企業の広告施策を分析すると、新しいチャネルを発掘するヒントを得やすい。競合や類似サービスを提供する会社の集客施策を洗い出し、自社の施策に抜け漏れがないかを確認しよう。

　活用を推奨する分析ツールとして、

・Simillarweb
・Ghostery
・Google AdWords広告のオークション分析機能
・Facebookの広告ライブラリー

などは、競合の動きを理解するのに役立つ。

　同じ顧客セグメントにアプローチして成功している競合の動きは、日頃からアンテナを張り、参考にしながら施策を考えていこう。

ポイント03　投資するチャネルの優先順位を決める

　投資するチャネルの優先順位は、「リーチ」と「転換率」の2軸で決めるこ

とを推奨する。

　1つ目の「リーチ」とは、どれだけ多くの顧客に届けられるかである。

　広告を出稿したり、コンテンツを届けたりする場合は、「多くの顧客に知ってもらう」ことが基本となる。ブランドが好かれるか、嫌われるかの前に、まずは知ってもらわないことには始まらない。まずは、見込み顧客が一番多く訪れ、知ってもらうために有効なチャネルをリストアップしよう。

　2つ目の「転換率」とは、どれだけの顧客が購入につながるか、態度変容が起きるかだ。

　たとえば、比較サイトや業界特化型の情報サイトなどは、すでにサービスを検討しているユーザーが多く、転換率が高い傾向にある。転換率が高い集容チャネルをリストアップし、投資の優先順位を決めていこう。

　理想はリーチ数が多く、転換率が高いチャネルを発掘すること。自社の目的や事業フェーズによって最適なチャネルを発掘するようにしたい。

実践者インタビュー

Profile

株式会社ベーシック　ferret One事業部 マーケティング部 マネージャー
河村和紀
大手人材紹介会社を経て、創業期の株式会社ベーシックに入社。インターネット証券、フランチャイズの比較サイトの担当として、Webサイト運用・商品企画・新規事業立ち上げなどに携わる。その後、ferret Oneのマーケティング業務に専任。現在はイベントマーケ、オフラインマーケを管轄。セミナー登壇400回以上。オンライン1000名、オフライン5000名規模の自社イベントを主催。

　購買検討フェーズの後半になるにつれ、顧客は商品購入時の便益を調べ、競合商品との比較検討を積極的に行なう。BtoC商品とBtoB商品では、商品購入時の意思決定プロセスが異なる。

　BtoCの場合は商品単価が比較的安く、購入判断が1人もしくは少人数で行な

われることが多い。

　一方、BtoBの場合は情報収集する人（たとえば現場担当）と意思決定を行なう人（簡単に言えば決裁者）が異なることが一般的だ。また、購入商品の影響範囲が複数部署にかかわる場合、予算取りや承認プロセスが一層複雑になる。

　そうした購入プロセスの複雑さの観点で言えば、BtoBマーケティングにおける購入検討時のチャネル選定はBtoCよりも施策の整理が求められる。では、どのようにBtoBにおけるチャネル選びを行なうと良いのか？

　第一に、カスタマージャーニーの作成時には情報収集者と意思決定者を分けて考えるべきだ。一般的な購買検討段階では、情報収集者が機能性（たとえばツールの使いやすさや組織への浸透のしやすさ）など現場寄りの意見をまとめ決裁者に上申する。それを受け、意思決定者は「投資したらいつ回収できるか？」「何が改善しどう成果に表れるか？」といった経営目線で検討を重ねる。

　次に、「自社商品がターゲット顧客企業の決裁者の目に、どう映ると好印象か？」──その視点で媒体選びと訴求メッセージを検討すべきだ。なぜなら意思決定者にうまく訴求してポジティブな認知が醸成できれば、契約までの検討時間を短くし、最終的な契約件数を増やせるからである。

　商材特性や組織規模にもよるが、意思決定者が自ら検索し、ホワイトペーパーをダウンロードし、現場レベルの情報収集を行なうことは一般的に少ない。どちらかと言えば、知人のビジネスパーソンからの紹介やタクシーの動画広告や雑誌広告など受動的に情報に接触する。これらを念頭に、自社商品が露出することでターゲット企業の意思決定者に響く媒体を考えることが求められる。

実践者の成功ポイント

・BtoC商品とBtoB商品では、商品購入時の意思決定プロセスが異なると心得る
・BtoBの場合、カスタマージャーニーの作成時には情報収集者と意思決定者を分けて考える
・BtoBの場合、情報収集者だけでなく、意思決定者のブランド認知度や好意度向上を目指したチャネル選びを行なう

顧客に届ける
メッセージを決める

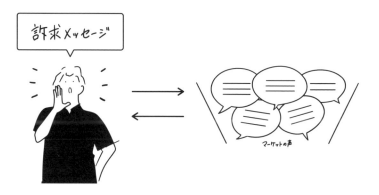

解 説

　顧客にどのようなメッセージを伝えるかによって、広告やコンテンツの反響率だけでなく、商談化率、商談受注率、商談から受注までのリードタイム、顧客単価などが変わる。

　一例として、採用プラットフォームを開発・提供する株式会社HERPでは「採用業務を効率化する採用管理システム」という訴求から、「社員主導型のスクラム採用を支援する採用プラットフォーム」へとコンセプトを変更したところ、MRR（Monthly Recurring Revenue：月間経常収益）を4カ月で4倍に、NPSスコアを48ポイント伸ばすことに成功している。

　（出典：SaaSの成否は「コンセプト」にあり！戦うフィールドを変え、MRRを4ヶ月で4倍にした方法　https://seleck.cc/1334）

ポイント01　メッセージは誰に届けるべきなのか検討する

　商品導入の意思決定者、担当者、利用者のうち、誰にメッセージを届ける必要があるのかは見すごされがちだが、重要な論点だ。

　よくある失敗例が、発信しているメッセージは顧客担当者には刺さっているが、決裁権限を持つ上司や経営層には刺さらず、稟議が下りないケース。BtoCのサービスであれば、商品の利用者である夫には刺さっているが、家庭の財布を握る妻には刺さっておらず、最終的な購入に至らないケースだ。

　筆者の知人のあるマーケターはツールを導入する際、比較検討したA社のほうが機能は優れていたものの、選定したB社のほうが「内製化支援メニュー」が手厚く、それが上役に説明しやすかったため、機能面では劣るB社を選んだという。「内製化支援メニュー」が上役に対する魅力的なメッセージとして使えたため、機能ではなく、稟議の通しやすさを優先して、B社に発注している。

ポイント02　メッセージは検証しながら決める

　メッセージを決めるまでに数カ月間をかけ、それを一気に広告やLP、営業資料に反映し、そこでエネルギーを使い切ってしまい、検証・改善まで手が回らない企業を多々目にしてきた。

　メッセージの良し悪しは、顧客の反応を見て判断することが重要だ。ユーザー調査をして、社内でディスカッションを重ね、役員会でも承認をもらい、さまざまな手順を踏んでメッセージを決めたところで、顧客には刺さらない可能性もある。

　核となるメッセージはあまりにも重要なので、"エイヤっ"で決めずに、小さく検証しながら形作っていこう。

ポイント03　定期的に有効性を見直す

　ある時点では顧客に刺さっていたメッセージも、時代の変化によって有効性を失うケースがある。

　たとえば、筆者が属するマーケティング業界では2000年代の主な関心事の一つに「SEO」があった。しかし、市場や顧客の関心事は変化し、徐々に「SEO」

は関心事から外れており、2021年現在は「デジタルマーケティング」や「DX」などへの注目度が高い。

　時間の経過や、コロナ禍などの大きなイベントの発生によって、市場や顧客の関心事は変わるもの。自社が発信しているメッセージが有効性を持っているのかは定期的に確かめるようにしたい。

実践者インタビュー

Profile

株式会社スタメン　取締役TUNAG事業部長　満沢将孝
新卒でオフィスコンサルティング会社に入社し、営業役員や人事役員を歴任。2018年3月に株式会社スタメンに入社。同年9月からは執行役員としてセールス部門を牽引し、導入企業数を拡大する。2019年9月に取締役TUNAG事業部長に就任。強固な組織作りを推進し、TUNAG事業全体の運営を統括している。

　エンゲージメント経営プラットフォーム「TUNAG」の場合、リードから契約につながりやすいのは、「機能」ではなく「課題解決のためのソリューション」として選ばれるときだった。

　TUNAGでは機能訴求でリードを獲得していた時期があったが、概念（サービスの思想）訴求に変えたことで、受注率や単価が改善された。当初訴求していた「顧客に合わせて機能をカスタマイズできるサービス」は導入目的がエンゲージメントを高めることだったにもかかわらず、それぞれの機能を利用することが目的にすり替わり、期待値のズレや属人化を生みやすい。

　そこで「外部環境に左右されない強い組織を作る」という課題解決を掲げるメッセージの訴求に変えた。

　自分がセールス部門を統括していたため、営業する中で機能訴求よりも概念訴求が圧倒的に顧客に刺さることが発見でき、マーケティングメッセージに反映した。機能訴求で得たリードは掘り起こしにくく単価も低いが、概念訴求で得たリードは掘り起こしや再提案をしやすい。

TUNAGのように、機能が多岐にわたり、個別最適の可能なサービスは、顧客や市場にとってはわかりにくいサービスでもある。できることが多い分、機能訴求だけでは競合も増えてしまい、受注率の悪化や早期解約につながるものだ。訴求のメッセージをサービスを通じて叶えたい「概念」に変えることで、競合との共存（リプレイスではなく追加で導入される）も可能になった。

広告などで概念訴求からリードを獲得するポイントの1つは「訴求での機能的表現をなくす」こと。「こんなサービスです」を極力少なくする。

もう1つは、主語を顧客側に置き、「顧客が潜在的に考えているが、ほかの人には言えない感情・言いづらい悩み」を言語化すること。たとえば、過去の広告では「社長が現場に10を伝えても、現場に刺さるのは3程度」という内容が刺さった。訴求を考える際には、切り口を10〜20案出したあとで、そのうちの「どんな表現や言葉が、顧客の感情に刺さるのか？」を重視して、メッセージを決めていく。

実践者の成功ポイント

・単価が高く、受注率も高い顧客に刺さるメッセージを発見する
・営業時に得たインサイトをマーケティングメッセージに反映する
・顧客が潜在的に考えているが、ほかの人には言えない感情・言いづらい悩みを言語化する

顧客と直接つながる

解 説

「顧客と直接つながる」とは、中間業者を通さず顧客とコミュニケーションをとったり、商品提供をすることである。

　たとえば、ECビジネスであれば、Amazonや楽天などのプラットフォームを利用しない。BtoBビジネスであれば、代理店を通さずに商品を直接販売する選択肢をとることなどがあたる。

　特定の中間業者への依存度が高まると、戦略や収益を自社でコントロールがしにくくなる。戦略の主導権を自社で握っておくために顧客と直接つながる方法を考えよう。

フォレスト出版　愛読者カード

ご購読ありがとうございます。今後の出版物の資料とさせていただきますので、下記の設問にお答えください。ご協力をお願い申し上げます。

● ご購入図書名　　「　　　　　　　　　　　　　　　　　　」

● お買い上げ書店名「　　　　　　　　　　　　　　」書店

● お買い求めの動機は?
　1. 著者が好きだから　　　　　2. タイトルが気に入って
　3. 装丁がよかったから　　　　4. 人にすすめられて
　5. 新聞・雑誌の広告で(掲載誌誌名　　　　　　　　　　　)
　6. その他(　　　　　　　　　　　　　　　　　　　　　　)

● ご購読されている新聞・雑誌・Webサイトは?
　(　　　　　　　　　　　　　　　　　　　　　　　　　　)

● よく利用するSNSは?(複数回答可)
　　　□Facebook　　□Twitter　　□LINE　　□その他(　　　)

● お読みになりたい著者、テーマ等を具体的にお聞かせください。
　(　　　　　　　　　　　　　　　　　　　　　　　　　　)

● 本書についてのご意見・ご感想をお聞かせください。

● ご意見・ご感想をWebサイト・広告等に掲載させていただいても
　よろしいでしょうか?
　　　□YES　　　　　□NO　　　　□匿名であればYES

あなたにあった実践的な情報満載! フォレスト出版公式サイト

http://www.forestpub.co.jp　フォレスト出版　　検索

郵 便 は が き

料金受取人払郵便

牛込局承認

9092

差出有効期限
令和7年6月
30日まで

162-8790

東京都新宿区揚場町2-18
白宝ビル7F

フォレスト出版株式会社
愛読者カード係

|||l|l||ll|l||ll||l|ll|l||l||l||l||l||l||l||l||l||l|l||

フリガナ		年齢　　　　歳
お名前		性別（ 男・女 ）

ご住所　〒

☎　　　（　　　） FAX　　（　　　）

ご職業	役職

ご勤務先または学校名

Eメールアドレス

メールによる新刊案内をお送り致します。ご希望されない場合は空欄のままで結構です。

フォレスト出版の情報はhttp://www.forestpub.co.jpまで!

ポイント01　顧客と直接つながるチャネルを決める

　ビジネスモデルによって直接顧客とつながることに適したチャネルは異なる。顧客と直接つながるチャネルの例として、

・自社や自社社員の「SNS」を活用して、顧客と直接コミュニケーションをとる
・自社の商品を体験してもらうための「店舗」を持ち、顧客と直接コミュニケーションをとる
・BtoBの場合は「直販営業」を強化し、直接顧客とコミュニケーションをとる

といった選択肢がある。どのチャネルで顧客と直接つながることが有効か、自社に合った方法を考えよう。

ポイント02　顧客と双方向のコミュニケーションをとる

　顧客と直接つながる際に、企業からの一方的な情報発信ではなく、顧客と双方向のコミュニケーションを意識しよう。
　双方向コミュニケーションの例としては、

・SNSでブランドに関するクチコミを投稿しているユーザーに返信をする
・アンバサダー制度を作り、商品開発やプロモーションに顧客を巻き込む

などがある。
　作業着やアウトドアウェア領域で急成長するワークマンは、公式アンバサダー制度を作り、製品開発プロセスにファンを巻き込んでいる。
（参考：「WORKMAN ／ワークマンプラス公式アンバサダーご紹介！
https://www.workman.co.jp/feature/ambassador/）

ポイント03　顧客からのフィードバックを経営に活かす

　顧客と直接つながることの価値の1つに、顧客から商品に対するフィードバックを得られやすくなることがある。中間業者を通すと、顧客の行動データや、顧客の声を集めにくくなる。

　FA機器を提供し、営業利益率50パーセントを超える株式会社キーエンスの例を紹介する。キーエンスは、代理店を通さず、直接顧客に営業する「コンサルティング営業」を行なっていることで有名だ。営業が直接顧客ニーズを収集し、顧客からのフィードバックをデータベース化している。蓄積した顧客の声をもとに新商品開発を行なうことが、高収益を支えている。直接つながることで得られる顧客の声や、行動データを活かし、商品開発やマーケティング効率を高める仕組みを作ろう。

実践者インタビュー

Profile

株式会社オールユアーズ　代表取締役　木村昌史
1982年群馬県生まれ。大学在学中より大手アパレル小売店で勤務。そのまま社員となり店長やバイヤー、商品企画などの業務に携わる。その後大手アパレル卸企業に勤務したのち、2015年7月にアパレルブランド「オールユアーズ」を設立。経営やブランドコミュニケーション業務まで行なう。国内最大級のクラウドファンディング「CAMPFIRE」を活用し、これまで支援総額5700万円を記録（2021年2月時点）。2020年12月にはブランド初の書籍『ALLYOURS magazine vol,1』を出版。

　従来のマーケティング手法では、3C分析やSTP分析を行ない競合企業にない独自のポジショニングや訴求軸をあぶり出し、マーケティングミックスを整理するのが正攻法の1つとして考えられてきた。

　しかし昨今では、市場にたくさんの商品と関連情報があふれ、消費者がインターネットでつながり合い知識をつけたことで、消費者のニーズが今まで以上

に複雑化・多様化している。

　そうした先の読めない市場環境を背景に、今まで一般的とされていたマーケティングリサーチを行ないすぎず、これから製造する商品の情報について「どのチャネルに情報を出すか」を意識的に決めないようにしている。

　その代わり、まずは純粋に、自分たちが消費者目線に立って「本当に欲しいモノは何か？」「これを商品化したら面白くないか？」を考える。その次に、進行中の企画やプロトタイプをTwitterやFacebookなど主要SNSプラットフォームに一度公開し、消費者の意見や反応を見つけに行く。こうした消費者のエンゲージメントを目的としたヒアリングがいわば「リサーチ」になる。

　上記のヒアリングが消費者の共感を呼び、口コミを自然と醸成し、さらなる露出増加につながるのは喜ばしいことだ。しかし、最初から狙っているわけではない。どのチャネルが拡散しやすいか・露出しやすいかは深く考えない。販促に向いているチャネルは、ヒアリングしやすい場所を探す一環として、SNSでブランド名やURLのエゴサーチをした際、ユーザーのコミュニティに幸運にも辿りつけた。

　最も肝要なのは、露出先の検討よりも、自社ブランドに興味関心を示し理解してくれる消費者に向き合ってメッセージを発信すること。SNSやクラウドファンディングの活用、書籍の出版、店舗体験も、ブランドのアイデンティティを消費者に示し、交流するための手段である。究極的に言えば、ヒアリングに熱量を持って参加してくれる人たちは、ある意味、その時点で購買検討が始まっているともいえる。

実践者の成功ポイント

・自分たちが作りたい商品を作り、その過程をSNSユーザーに公開・意見交換する
・SNSユーザーとのエンゲージメントに重きを置き、交流しやすい場を探す
・チャネル以上に、自分たちの語れる文脈・ブランドメッセージが重要と心得る

メッセージに一貫性を
持たせる

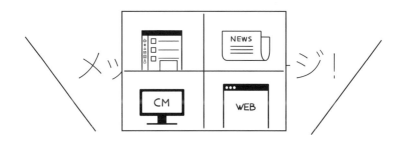

解説

　いくら素晴らしいコンセプトやメッセージを決めても、市場や顧客に浸透しなければ意味がない。顧客の頭の中で、ブランドの「強み」や「らしさ」が想起されている状態になっていることを目指したい。そのために、決めたメッセージは一貫性を持って伝えつづけることを意識しよう。

ポイント01　自分たちの価値をメッセージ化する

「02-05 戦略を言語化する」を参考に、自分たちの提供価値を一言で表現しよう。強みにあたる要素が複数並べられているケースが多いが、たくさんあっても顧客には伝わりにくい。

　マーケターの役割は、シンプルに価値を定義し、伝わるメッセージを作成することだ。どこのチャネルで伝えるかの前に、何をメインのメッセージとして伝えるかを定義しよう。

ポイント02　複数のメディアで一貫性を持って伝える

　企業のプロモーション活動では、複数のメディアを組み合わせて広告やPRを行なうケースが多い。複数のメディアに露出する際にもメッセージに一貫性を持たせよう。

　メディアの基本的な考え方として、PESOモデルを理解しておきたい。

P：Paid Media（有料広告）
E：Earned Media（パブリシティ）
S：Shared Media（SNSやブログ）
O：Owned Media（企業Webサイト・公式SNS）

　この4つのメディアを組み合わせる際に、メッセージに一貫性があるかは、いつも確認するようにしよう。メディアによって担当部署が異なる場合は、メッセージがブレやすくなるため注意が必要だ。マーケターが部署を横断してコミュニケーションをとり「一貫性」を保とう。

ポイント03　顧客が求めているコンテンツを届ける

　メッセージを一貫性を持って伝えることにあわせて、顧客が求めているコンテンツを作成し、届けよう。言葉だけを1人歩きさせないことが重要だ。
　たとえば、

・顧客を成功に導くための方法
・業界別の成功事例
・メッセージの背景にある想い

といったコンテンツを伝えることで、顧客から信頼してもらえる確率は高まる。
　顧客は、メッセージの美しさではなく、本当に信頼できるブランドやサービスなのかを気にしている。選ばれる確率を高めるために、顧客が信頼する根拠となるコンテンツを発信するようにしよう。

実践者インタビュー

Profile

株式会社ホットリンク　CMO兼IS責任者　飯髙悠太（いいたか ゆうた）
広告代理店、制作会社、スタートアップで複数のWebサービスやメディアを立ち上げる。企業のWebマーケティングやSNSプロモーションをはじめ、東証1部上場企業を含めて100社以上のコンサルティングを経験。2014年4月「ferret」の立ち上げにともない株式会社ベーシックに入社後、「ferret」創刊編集長、執行役員に就任。2019年1月よりホットリンクに入社し、同年4月に執行役員CMOに就任。 自著は『僕らはSNSでモノを買う』（5刷）、『アスリートのためのソーシャルメディア活用術』。

ホットリンクは「ソーシャルメディアマーケティングにスタンダードを創る」をビジョンに掲げている。入社した2019年当時のホットリンクは、Twitterマーケティングの「成功ノウハウ」と「成功事例」を持っていたため、その領域で一点突破する方針を定めた。メッセージを決める前に、「再現性を持って顧客を成功させることができる領域」を見定めることが重要だ。

Twitterマーケティング支援の価値をどのように市場や顧客に浸透させてきたのかをお伝えする。

まずは、自分自身がメディアの露出回数を増やし、メッセージを伝えつづけた。露出メディアは選びすぎず、あらゆるメディアで、一貫性を持って成功事例とノウハウを語りつづけた。

コアになるメッセージを決めたら、最初は「認知獲得」が重要である。そのためには、特定のタイミングで露出量を増やすことと、一貫したメッセージを発信しつづけることが重要だ。

また、組織「内」にも第一想起を獲得するカテゴリーを浸透させてきた。会議のたびに、発表資料では1ページ目に「戦略方針」を記載するようにした。

このように、社内外ともに一貫性あるメッセージを伝えつづけたことが、「Twitterマーケティングと言えばホットリンク」の想起を獲得できた要因だと考えている。

露出するメディアの選び方はブランドによって異なるが、集客の効率性を考えると、拡散性が高いメディアを選ぶことを推奨する。

　拡散性の高さでは、Twitterが一番だ。どのSNSでもユーザーがつながっているコミュニティは変わらない傾向にあるため、Twitterでクチコミが出ればInstagramでもクチコミが出やすい。自分自身も、Twitterを起点にマーケティング活動を行なっている。

　最後に伝え方のポイントとして、「事例・ノウハウ・スタンス」をセットで伝えることが重要だと考えている。

　自分自身がメディアに出る際は、この3つをセットで語りつづけてきた。

1. 具体的な事例
2. 成功するためのノウハウ
3. 自分たちが大事にしているスタンス

　セミナー参加経由で顧客となった方からは、「ソーシャルメディアマーケティングのセミナーで、ここまで売上にこだわる企業は聞いたことがない」とコメントをもらっている。表面的なノウハウだけを伝えるのではなく、自分たちがこだわっていることと、そのこだわりが反映された事例を用意して伝えることが本質的なブランディングにつながる。

実践者の成功ポイント

・認知獲得をするためには、特定のタイミングで露出量を増やす
・露出は拡散性が高いメディアから選ぶ
・信頼を獲得するために、事例・ノウハウ・スタンスをセットで伝えつづける

特定のチャネルを
独占する

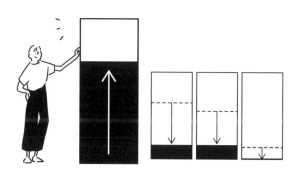

解 説

「03-01 顧客がいるチャネルに露出する」で解説した通り、顧客のカスタマージャーニーに基づいて広告や商品を露出する場所を決めることは重要だ。

さらに意識したいのは、一度集客効率の高いチャネルを発見したあとは、徹底的にそのチャネルにリソースを投下すること。よほど予算のある企業でもない限り、幅広いチャネルに手を出すよりも、自社にとって有望なチャネルを独占するほうがメリットは大きい。

ポイント01　Do More、Do lessを意識する

　筆者がマーケティング施策を検討する際に意識している「Do more、Do less」という言葉がある。

①Do more＝効果が高い施策にもっと投資する
②Do less＝効果の悪い施策への投資を減らす

というあたりまえの考え方だが、実践するのは意外に難しい。多くのケースで「②Do less」はやるものの「①Do more」を徹底できず、

③効果が出るかわからない新しい施策に投資する

をやってしまう。

　しかし、多くの場合、Do moreで成果を最大化する余地がある。検索広告とランディングページからの問い合わせ獲得で成果が出ているのであれば、もっと検索広告を改善できないか、もっと検索広告に投資できないかを限界まで考えるべきだし、既存のランディングページを改善できないか、顧客セグメントごとに新しいランディングページを作成できないか、繰り返し考えるべきだ。

ポイント02　チャネルの制約を作ることでパワーが出る

　人気マンガ『HUNTER × HUNTER』の中に「制約と誓約」という概念がある。要は、何らかの制約条件を作って、それを固く誓う（ときには自分にペナルティを課す）と通常以上のパワーが出るという話だ。
　特定のチャネルに絞ることで「制約と誓約」のような効果が期待できる。たとえば、自社の集客チャネルを「検索エンジン」に絞ると、社内には展示会や広告、テレアポに関する人材やノウハウは不要になる。逆に検索エンジン対策に詳しい人材が次々と採用され、社内のノウハウは加速度的に増えていく。結果として、検索エンジン、広告、テレアポ、セミナーなど複数のチャネルを分散して使っている競合企業に比べての優位性が生まれる。

ポイント03　人々の情報行動の変化は大きなチャンスと捉える

　Instagramの日本での成長とInstagramベースでの購買体験の広がりを捉えた、韓国レディースファッション通販の「17kg」が、創業から一気に売上を伸ばした例が代表的だが、人々の情報行動が変化する際には大きな変化が生まれる。

　2021年5月に「10〜20代の約半数がほぼテレビを見ない」というNHK放送文化研究所の国民生活時間調査が話題になった。若年層のテレビ視聴減少の背景要因として、夜間帯はインターネット利用の活発化、朝の時間帯は男女を問わず化粧や身支度などの身の回りの用事が増えていることが挙げられていた。筆者も夜間帯はYouTubeかNetflixを見てすごし、1年以上、テレビは見ていない。

　こうした情報行動の変化を捉え、新しい集客チャネルに集中し、売上を伸ばす会社が出て来るだろう。

実践者インタビュー

Profile

株式会社インソース　執行役員 営業統括室 副室長 兼 本社営業部 部長
帰山智幸
2002年阪急交通社に入社し、欧州・アフリカ方面のパッケージツアー企画・販促に従事。地中海沿岸地域での販売実績日本一達成。2008年インソースに入社後、営業拠点の立ち上げや新規顧客開拓、マーケティング戦略の立案・実行を牽引。BtoC、BtoBの双方での知識・経験を武器に日々課題解決に挑む。

　コンテンツマーケティングと営業を集客施策の柱にしている。

　コンテンツマーケティングに関しては、デジタルコンテンツを月200本ペースで公開している。きっかけは全社でのテレアポイベントの開催に合わせて、自社HPのPV数が増えることに気づいたことだった。電話をかけるとHPを見てくれる人が増えるのであれば、「お客さまが見たいであろうコンテンツをHP

に準備できると、お客さまの満足度が高まるのではないか？」と考えた。実際、コンテンツを増やしたところ、問い合わせ数が増加したため、本格的にコンテンツマーケティングに取り組みはじめ、今では年間5,000件の問い合わせをいただいている。

「検索エンジン」というチャネルや「SEO」というWebマーケティング施策に注目したわけではなく、あくまでも「顧客体験」に注目した結果から生まれたマーケティング施策だったのだ。

　会社としてコンテンツマーケティングと同じぐらい力を入れているのは営業だ。代表の舟橋はよく戦争に例えて、「陸軍・海軍・空軍、すべてがないと勝ち切れない」と話す。競合他社に抜きん出るためには、空軍にあたるコンテンツマーケティングだけでなく、陸軍にあたるテレアポや飛び込み営業も必要になる。実際、コンテンツマーケティング経由では公開講座を中心に低単価な商材の売上が形成され、営業経由では高単価な大型商材や中長期の案件の売上が形成されており、会社全体では後者の売上比率が高い。

　ただし、創業以来、有料の集客施策（検索広告、Facebook広告、展示会、CMなど）はほとんどやったことがなく、無料の集客施策（コンテンツ作成、note、Twitter、テレアポ、飛び込み営業など）を原則としている。「有料の集客施策をやらない」という制約を自分たちに課すことで新しい知恵が生まれている。われわれの中では、有料の集客施策は最後の手段だ。

実践者の成功ポイント

・顧客体験に注目してマーケティング施策を考える
・1つの施策に頼らず、複数の施策に取り組む
・「有料の集客施策をやらない」という制約を課すことで知恵を絞る

memo

第 4 章

提 案

営業の勝ちパターンを共有する

解 説

　魅力的で競争力のある商品が出来上がり、販売を強化する段階でのよくある課題が、営業部門全体での受注率の低下や、営業パーソンごとの受注率のバラツキだ。

　拡大フェーズの営業組織ではありがちな問題だが、解決のために有効な一手は売れている営業パーソンたちの行動を型化し、彼ら／彼女らの行動を組織に横展開することだ。

ポイント01　ハイパフォーマーの行動を分析・型化する

　当然、売れている営業パーソンには理由があり、その理由を解明して、組織のほかのメンバーに展開することで再現性高く営業部門の受注率は上がる。

・1日の時間の使い方

・営業トーク
・商談から受注までのシナリオ
・提案資料
・メールの文面
・電話のトークスクリプト

などを分析し、傾向を把握しよう。幸い今はオンライン商談が増え、顧客との
やりとりは電話からメールに移行している。従来よりも売れている営業パーソ
ンの行動を分析しやすい環境になっている利点を活かしたい。

　注意点として、トップ営業パーソンの売れている理由には再現性がない場合
がある。トップ営業パーソンだけでなく、安定的に良い成績を出しているハイ
パフォーマーたちの行動を分析しよう。

ポイント02　「型」を組織にインストールする

　ハイパフォーマーたちの行動を分析し、成果に影響を及ぼす要因が見えたら、
それを「営業の勝ちパターン」としてマニュアルに落とし込み、組織にインス
トールしよう。その際、営業部門のメンバーにマニュアルを読み込んでもらう
だけでなく、ロープレや実行後のフィードバックも取り入れると定着が早い。

　組織として1つの「型」を使うことで、マネージャーとしてもメンバーを指
導しやすくなるし、「型」に対するPDCAを行なうことで、組織としての営業
力が急速に上がっていく。逆に「型」がないと、属人的で、PDCAも暗中模索
におちいってしまう。

ポイント03　「型」が定着する仕組みを作る

　多くのケースで、パフォーマンスが高い営業パーソンほど、顧客との接触時
間（対面・Web・電話などでの商談時間）が長く、会議や資料作成、移動の時間
が少ない。逆に、売れていない営業パーソンほど、顧客との接触時間が短く、
会議や資料作成、移動に時間が取られている傾向がある。

　この場合、営業のコアタイムの会議設定を禁止にしたり、提案資料のテンプ
レート化を進めたり、移動時間のルールを決めたりといった、組織としてのルー

ル作りも重要になる。

　型化するだけで満足せず、新人研修の教材に入れたり、提案資料をストックする場所を作ったり、定期的にフィードバック会を開催したりするなど、組織としてさまざまな仕組みを設計し、定着をうながそう。

実践者インタビュー

Profile

株式会社プレイド　DX Growth Division Manager　野村修平
Works Applicationsにて、Senior Vice Presidentとして大手企業向けセールスチームを統轄。北米事業の副社長で立ち上げを経験、アメリカのデジタルマーケティングの進歩を目の当たりにし、日本への帰国とともに、2018年12月よりプレイド参画。現在は、大手クライアントのセールスチームリーダーとして、DXの提案活動に従事。

　当社のKARTE（カルテ）が取り扱うCX（Customer Experience）のような新しい領域のサービスだと、顧客が活用イメージを持てないことも多い。そのため、商談時に具体的な取り組み事例を話し、顧客に活用イメージを想像させることが受注率に強く影響する。イメージしてもらうためには、取り組んだことだけでなく、背景まで含めて臨場感を持って語ることが大切だ。

　取り組み事例を蓄積するには、カスタマーサクセス部門だけでなく、営業サイド・マーケティングサイドも横断して事例をシェアする文化を作ることが重要だ。そのために、ナレッジ共有ツールを利用して、いつでも事例にアクセスできる環境を用意し、蓄積する文化の構築に取り組んでいる。現在提案資料の型化を進めているが、ナレッジ共有ツールに蓄積されたデータがあるからこそ効率的に進めることができる。

　蓄積した事例は顧客への提案資料だけでなく、当社が運営するWebメディア「CX Clip」にも活用事例やプラクティスとして掲載している。商談の現場でも、顧客の生の声を豊富にそろえた「CX Clip」のインタビュー記事を見せながら説明するシーンがよく見られる。「ほかの顧客がどう成果を上げたのか」

をその企業の意志や事業環境とともに理解することは、即時的な施策の模倣よりも自社の課題解決のための本質的なヒントや気づきにつながることが多い。

社内・社外への事例のシェアの際に、最も比重を置いているのは「顧客体験を世界観で理解させること」。売上や利益、あるいは人気や流行といった量的な顧客からの支持など、わかりやすい指標のみでその事例を評価するのではなく、CXの実践事例を世界観として、つまりその背景にある企業の想いや思想も含めて世に出していくことを意識して取り組んでいる。

先に紹介した「CX Clip」がその取り組みの1つだ。ほかにも、あえて自社サービスの訴求とは距離を取り、優れたCXとそれを作り出す人や企業にフォーカスしたウェブメディア「XD（クロスディー）」、カンファレンス「CX DIVE」、ラジオ「KARTE CX VOX」(J-WAVE)、CX専門誌『XD MAGAZINE（クロスディーマガジン）』などさまざまな展開を行なっている。それぞれの媒体特徴を活かしながら、世界観を社内外に共有している。

事例は、製品の機能改善にも活かされており、ある顧客の成功パターンをテンプレートにして一般化し、ほかのユーザーにも提供する体制をとっている。顧客体験の事例は、マーケティング・プロダクト・セールス・カスタマーサクセスのあらゆるシーンでも活用できるデータであるべきだ。

実践者の成功ポイント

・営業活動上、重要な「事例」を蓄積し、組織内で展開する
・ナレッジ共有ツールを活用して、事例だけでなく、提案資料や価格説明の資料を型化する
・蓄積した事例はマーケティング・プロダクト・セールス・カスタマーサクセス、すべての部門で活かす

キーパーソンに営業する

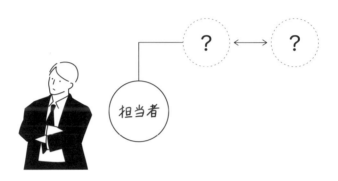

解 説

　顧客が購買の意思決定をする中で、大きな影響力を発揮する人をキーパーソンと呼ぶ。

　このキーパーソンを見極めずに、ただ目の前の人に一生懸命提案をしているだけでは成約率は上がらない。

　コミュニケーションをとる相手を間違えているために、膨大な提案の労力がムダになることもある。

　当然、提案内容が悪くて購入してもらえないケースも存在する。しかし「提案する相手が間違っている」場合があることを認識しておこう。

ポイント01　キーパーソンを見極める3つの流れを理解する

　キーパーソンを見極めるためには、次の3つのステップが存在する。

　1つ目は「購買関与者を理解」することだ。まずは購買に関与する人は誰なのかを理解しよう。

　2つ目は「キーパーソンを特定」することだ。キーパーソンの中でも、意思決定する人と選定する人は異なるため注意をしたい。誰が購買意思決定のカギを握っているのかを見極めよう。

　3つ目は「キーパーソンに必要とされている情報を届ける」ことだ。最後に、特定したキーパーソンが必要としている情報を準備をする。キーパーソンが、購買意思決定をするうえでどのような役割やミッションを持っているのかを理解しよう。

ポイント02　キーパーソンを見極める質問をする

　顧客との関係性ができていれば率直に質問してみるのもありだが、多くの場合は「意思決定の鍵を握っているのは誰ですか」と質問しても教えてもらえない。意思決定プロセスを理解するためには、正しく質問をする方法を身につけよう。たとえば次のような質問だ。

　1つ目は「背景の質問」をすることだ。購買を検討した背景を質問する。背景がわかれば誰が納得すれば購買に至るかを理解できる。

　2つ目は「計画の質問」をすることだ。いつまでに目的・目標を達成できると良いか質問する。計画（目標やスケジュール）を誰が立てているかを理解できる。

　3つ目は「必要な情報の質問」をすることだ。意思決定をするために、どのような情報が必要かを質問する。誰がどのような情報を必要としているかを理解できる。

ポイント03　キーパーソンに貢献して信頼関係を築く

　そのキーパーソンが何を求めているかを率直に質問してみてもらいたい。購

買意思決定にかかわるキーパーソンは、良い意思決定をするための情報には飢えているはずだ。

　提供する情報は、必ずしも自社の商品やサービスに関することでなくても良い。たとえば、競合商品との比較表や、選定をするうえでの補足視点など、キーパーソンが意思決定をするうえで参考となる情報をまとめて提供する。キーパーソンと信頼関係を築くことができれば、成約率を高めることができるため、何が貢献できるかを考えて行動してみよう。

実践者インタビュー

Profile

株式会社リブ・コンサルティング　マネージャー　松尾大輔
早稲田大学卒業後、大手総合広告代理店に入社。12年間にわたり数多くの企業・ブランドのマーケティング戦略策定・実行マネジメントにかかわったのち、2017年に株式会社リブ・コンサルティングに入社。企業の成長ステージに応じたマーケティング・セールス領域のコンサルティングを担当。現在は、新規事業開発を支援する事業開発チームを率いる。また、同社が運営するCRO Hack編集長を兼務。

　一般的にキーパーソンは「意思決定する人」「財布のひもを握っている人」といわれることが多い。しかし、この考え方では見定められない。

　キーパーソンを「経営上重要なゴールを自ら設定し、成果を出すための動きを作り出している人」と捉えるのが良いだろう。リブ・コンサルティングでは、このような人を「モビライザー」と呼んでいる。提案フェーズで最初に考えることは「目の前の人がモビライザーなのか？」である。モビライザーの見極めができていないと、どんなに良い提案をしても成約には至らない。

　良い提案をしているのに商談が前に進まないときは、提案内容を見直すと同時に「商談相手がモビライザーなのか？」を考えることが重要である。

　続いて、どのようにモビライザーを見極めるのかについてお伝えする。モビライザーを見極めるために最初に行なうべきことは、「仮説をぶつける」ことだ。

質問ではない。

　たとえば、売上・利益目標に対する仮説をぶつけた際に、自分自身がどのように考えているか熱をこめて語ってくれる人はモビライザーの可能性が高い。

　逆に、モビライザーの見極めで行なってはいけないことは「困っていることを聞くこと」である。「何に困っていますか？」と聞くだけでは、その相手が漠然と考えている課題が回答されるだけで終わってしまい、目の前の人がモビライザーかを特定できない。

　最後にキーパーソンを組織内で共有して、営業効率を高める方法についてお伝えしたい。

　リブ・コンサルティングでは、営業やマーケティング組織でキーパーソンを可視化した人脈マップを作って共有している。可視化することで、自チーム以外から専門性のある人間を呼んだり、経営陣にサポートを依頼できるようになる。また、マップ上でキーパーソンが複数いる場合は「誰が誰を押さえるか」というカウンターパートナーをバイネームで決める。このように、モビライザーを見える化し、共通認識を持ったうえでアプローチする仕組みを作ることで、営業効率を高めることができる。

　極端な話だが、「チーム内でモビライザー以外の人と話をする時間はムダ」と捉えるくらいの認識を持つことが大切だ。提案する相手を間違えないことは、自社にとっても顧客にとっても生産性向上につながる。

実践者の成功ポイント

・キーパーソンは、その組織において重要なことを成し遂げようとしている人
・キーパーソン特定のためには、課題を質問するのではなく、仮説をぶつけたときの反応を見る
・そのときに、自分の意見を返してくれるのがキーマンである可能性が高い

勝率の高いセグメントに営業する

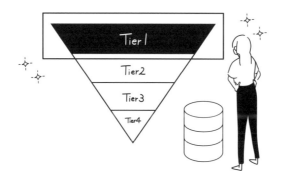

解 説

　営業の行動量は増えている。マーケティング施策もやるべきことはやっている。それでも成約数や売上が伸びない。このような課題の要因として、勝率の高い顧客セグメントを特定できていない可能性が高い。勝率の高い顧客セグメントを見極めることができると、顧客獲得コストを下げたり、顧客単価向上につなげやすくなる。開拓するべき顧客セグメントを見極め、組織のヒト・モノ・カネのリソースを集中してアプローチしよう。

ポイント01　分析するための顧客データをそろえる

　勝率の高いセグメントを理解するためには、分析する顧客データを整えることから始めよう。現状の営業組織が、経験と勘で成果を出せている場合もあるかもしれない。しかし、根拠がない状態では、組織規模が拡大した際に再現性が低くなってしまう。

たとえば、

・受注、失注顧客データ
・既存顧客のセグメント別売上データ
・MAやCRMデータ

などは、注力する顧客セグメントを見極めるために、いつでも分析できる状態にしておきたい。「01-05 自社の保有データを分析する」も参照し、データをもとに根拠あるターゲットセグメントを特定できる状態を作っておこう。

ポイント02　勝率の高い顧客セグメントを見極める

勝率の高い顧客セグメントを見極めるうえで注意したい点をお伝えする。

営業が「受注しやすい」という理由だけで、注力セグメントを決めないようにしよう。営業の受注率が高いことが、事業成長に直接つながるわけではない。

セグメントを正しく見極めるために、

・独自の価値を提供できるセグメント
・LTVが高いセグメント
・今後の成長性が高いセグメント

など、事業成長に必要な視点を複数検討するようにしよう。

マーケターは、競合の状況や中長期の事業計画から逆算してセグメントを見極める視点を忘れないことが大切だ。

ポイント03　部署を横断して共有する

注力セグメントを決定したら、部署を横断して情報を共有しよう。組織全体で顧客セグメントの共通認識がとれていないと、打ち手に一貫性がなくなってしまい、成果も出にくくなる。

具体的には、

・注力セグメントの定義を言語化する
・アプローチする方法や計画は資料にまとめる
・注力セグメントの動きはレポートにまとめる

などを行ない、注力する顧客セグメントを動かすイメージを組織全体で共有できている状態を目指したい。また、注力セグメントは事業のフェーズや外部環境によって変わる。定期的に注力セグメントの見直しを行なうようにしよう。

実践者インタビュー

Profile

株式会社セールスフォース・ドットコム　執行役員
広域営業本部長／東日本営業本部長／西日本支社長／中部支社長　伊藤 靖
ハードウェアIT企業のインサイドセールスマネージャー、営業企画、アカウント営業を経て2008年Salesforce.comに入社。以後12年間インサイドセールスの組織運営に従事。2010年より主にエンタープライズ向けの新規開拓型のチームを作り、案件創出を強化。2020年2月より、広域営業本部、東日本営業本部、西日本支社、中部支社担当。

　顧客セグメントを決めるポイントは、「セグメント×インサイト」の掛け合わせで営業戦略を考えることだ。
　最初にセグメントの考え方について紹介する。顧客セグメントを決める際は、最初に、業種、事例、規模、地域など基本要素を踏まえてアプローチする顧客層を特定する。セールスフォース・ドットコムでは、Tier1〜4までを分けて、営業リソースの最適配分を決めている。Tierは4つに分けている。
Tier1：フィールドセールスが積極的にアプローチするセグメント
Tier2：インサイドセールスがアウトバウンドで新規開拓するセグメント
Tier3：反響が良かったら活動するセグメント
Tier4：アプローチしないセグメント
　顧客セグメントをTier別に整理したあとに、個社単位のアプローチ方法を

考えていく。ここでは、会社の中期経営計画書、ビジョン、社長の言葉などを確認する。「インサイト」と呼んでいる、真の顧客課題を理解するために1社ごとの事業理解度を高めていく。

大きくセグメントを分ける考え方と、1社ごとの事業や課題を深く理解する考え方を両立させることが重要となる。ここで、決めた顧客セグメントを開拓するために実践していることを紹介したい。

Tier2に対するアプローチで「CxOレター」と呼んでいるカスタマイズした和紙の手紙を送っている。手紙を通じて、会いたいと思ってもらうために、文面は個社単位にカスタマイズしている。これは、会社から会社へのラブレターのようなものだ。

また、決めた顧客セグメントを動かすためには、マーケティング、セールス、カスタマーサクセスの各部門が連携することが重要である。顧客セグメントにアプローチした先にある売上目標やカスタマーサクセスのイメージが抜け落ちないように、各部門責任者が参加し情報共有をする会議体を作っている。

また、セールスフォース・ドットコムでは、年に1回の頻度でセグメンテーションの見直しを行なっている。自社が保有する顧客データ、外部の市場データなどを統合し、複数のデータソースから優先的にアプローチするセグメントを再定義する。具体的な行動を2つ紹介したい。

1つ目は、TAM（Total Addressable Market）と呼ばれる獲得可能な最大市場規模を業界別に理解することだ。2つ目は、株式会社ユーザベースが提供する「FORCAS（フォーカス）」のデータをもとに、コロナ禍でも連続で利益を上げている投資意欲が高い会社を見極めている。このように、顧客セグメント別に適切な打ち手をとりつづける仕組みを作ることで営業効率を高められる。

実践者の成功ポイント

- ・ターゲットセグメントとインサイトの2つの視点で顧客理解を深める
- ・顧客セグメント開拓の先にある売上・利益目標、カスタマーサクセスのイメージを共有するための会議体を作る
- ・顧客セグメントは、顧客データ、市場データをもとに1年に1度目安で再定義する

顧客と信頼関係を築く

解 説

　どれだけ良い提案準備をしても、顧客との関係性を築けていないと提案は通らない。

　数十時間と準備した企画書に対して、「相手がまったく聞く耳を持ってくれなかった」「長時間の準備がムダになってしまった」という経験がある方は多いのではないだろうか。

　初対面の相手や提案相手と接するときに、お互いの緊張をほぐし、スムーズにコミュニケーションできる状態を作ることが大切だ。

ポイント01　商談前に関係性を構築する

「単純接触効果（ザイオンスの法則）」という心理法則がある。

　これは、「人は知らない人に対して警戒心を抱くが、会う回数を重ねたり、相手の人間的な側面を発見したりすると、好感を持ちやすくなる」という法則である。

　商談に入る前のチャットやメールのやりとりで、自分のことを知ってもらう工夫をすると、好感を持たれている状態で提案をすることができる。

　たとえば、自分自身のことを知ってもらうためにメール内にSNSのプロフィールリンクを貼ることも有効だ。

　商談前のコミュニケーションで、関係性を構築するための工夫を怠らないようにしよう。

ポイント02　アイスブレイクは相手が興味を持つ情報を

　初対面の相手との商談で最初に行なうことは、相手との壁を取り除き、話を聞いてもらえる体制を作ることである。

　アイスブレイクは「天気の話」のようなありきたりの話はNGだ。事前にSNSやホームページで調べた情報をもとに「相手にとって意味のある情報を開示すること」から関係性を築くことが重要である。

ポイント03　会社や商品紹介は相手のニーズに合わせる

　信頼関係を構築するためには、会社や商品を信頼してもらう必要がある。会社や商品紹介は、商談背景によって伝え方が異なるため注意をしよう。

　まず、こちらからお願いをして商談の場をセットしている場合は「提案内容が、なぜあなたにとって重要か」から伝えることが重要である。

　逆に、相手から依頼があり商談の場をセットしている場合は、相手が求めている情報を理解したうえで、優先順位をつけて伝えることが重要となる。

　商談の前半で、会社や商品紹介をするタイミングで信頼関係を構築できることが望ましい。そのため、相手のニーズに合わせて会社や商品紹介の伝え方はカスタマイズするようにしよう。

実践者インタビュー

Profile

株式会社セレブリックス　セールスカンパニー　執行役員 マーケティング本部長兼セールスエバンジェリスト　今井晶也
セールスエバンジェリストとして、新規開拓・セールスモデルの研究、講演を行なう。代表的な活動（講演内容）として、宣伝会議主催のセールスコンテンツ講義、営業のNo.1を決める大会であるS1グランプリの審査員、各カンファレンスでの基調講演など、多方面で活躍する。現在はセールスカンパニー 執行役員 マーケティング本部長として、セレブリックスのブランディング、新規事業、営業の統括責任者を兼任。

　大前提として、商談準備を怠らないことが大切だ。

　顧客との関係を深めるためには、会社の基本情報にあわせて、理念・ビジョンなどの定性情報や、担当者個人の関心領域を理解しておくことが重要である。

　信頼関係を築くためのステップは、大きく3つある。

　1つ目は、壁を取り除くこと。

　壁を取り除くためには「戦略的アイスブレイク」の方法を理解しておきたい。ポイントを挙げると次の通り。

・相手の事象や結果を褒める、共感する
・具体的な取り組みを褒める、共感する
・取り組んだ姿勢や理由を褒める、共感する

　天気や相手の興味のない話をすることは、アイスブレイクにおいてはマイナスになりやすいため注意が必要だ。

　2つ目は、興味を持ってもらうこと。

　相手から興味を持ってもらうためには、「伝え方」を工夫する必要がある。キーワードは「Why（なぜ？）」だ。

会社紹介で、自分たちが何をやっているか（What（何？））を伝えても興味を持ってもらいにくい。問題提起や自社が理想とする世界など、「Why＝なぜやるのか」に関連するメッセージを伝えることが大切だ。

　会社概要資料の構成は、「Why（なぜ？）→What（何？）」の流れを作ること。買うつもりのない顧客に機能から伝えてはいけない。

　3つ目は、信頼してもらうこと。

　会社やサービスの実態に対して信用してもらうためには、実績、社歴、経歴、権威付け、実現可能性の合理性など「事実情報」を伝える。

　上記の情報を、顧客が求めている優先順位で伝えることが信用につながるのだ。

　また、BtoB営業の場合は、早いタイミングで「営業と顧客」関係を脱することが重要となる。具体的には、先方のチャットグループに入れてもらい、ともにプロジェクト定義をしていく工夫を行なっている。

　顧客にとって、「営業から提案を受けている状態」をできる限り早く取っ払い、プロジェクトの一員として認められることを意識したい。

　また、オンラインで情報収集をしているタイミングで有益なコンテンツを提供できると信頼されやすくなる。先に相手の役に立つ「Giveモデルのセールスプロセス」がオンライン主導時代には求められてくるのではないだろうか。

実践者の成功ポイント

- 準備をサボらない。会社の基本情報だけではなく、理念・ビジョン、個人の関心範囲まで調べる
- 会社紹介は「Why（なぜ？）→What（何？）」の順番で伝える
- 提案段階から「プロジェクトの一員」となり、売り手と買い手の関係を脱する

ヒアリングの質を高める

解説

　組織全体で顧客の理解度を高める仕組みを作ることができると、提案の質が高まり、成約率を高めることができる。

　一方で、顧客の理解度が組織内の人によってバラつきがあると、提案やサービス提供の効率は悪くなる。

　提案を強化するフェーズでは、まず顧客の理解度を高めるためにヒアリングの質を高める仕組み作りに取り組もう。

ポイント01　トップ営業が顧客に聞いていることを分析する

　最初に、成果を出している営業が顧客に聞いていることを分析しよう。

　成約率が高い営業や販売員は、顧客が求めていることをヒアリングする力が高いはずだ。トップ営業が顧客に聞いていることを元に、組織全体で共通してヒアリングする項目を整理することを推奨する。最終的にはヒアリングシートを作成して、顧客接点で活用できる状態にしよう。

　販売する商品が複数存在する場合は、ヒアリングするべき情報が異なるため注意が必要だ。顧客に合わせてヒアリングシートを複数準備しよう。

ポイント02　ヒアリング情報は資産化する

　ヒアリングした情報は、SFAや共有フォルダを作成して全員が閲覧できるようにしよう。また、営業フェーズが進み、追加情報が取得できたら更新される仕組みになっていることが望ましい。組織に仕組みが定着するまで粘り強く取り組もう。

　ヒアリングデータは商談の成約率を高めるためだけではなく、顧客の理解度が高まるため、商品改善やカスタマーサポートにも活用できる。

　組織全員が顧客の理解度を高めて、より良い体験を提供するためにヒアリングデータを有効活用できる状態を目指そう。

ポイント03　ヒアリング前に仮説を準備する

　最後にヒアリングを実践する際のポイントをお伝えする。顧客にヒアリングする際は、自分なりの仮説を持って商談に入ろう。

　ヒアリングシートを作り、準備した項目通りに質問するだけでは顧客の本音は引き出しにくい。

　商談前に事前に考えておきたいこととして、

・ゴール：顧客が成し遂げたい成果
・現状と課題：成果を妨げている課題
・原因：課題が起きている原因

この3つの仮説は考えておくことを推奨する。

　仮説があると、一方的に聞くだけではなく議論が生まれ、顧客の重要情報を引き出しやすくなる。ヒアリング項目と、事前に考えた仮説、この2つを準備し顧客とコミュニケーションをとっていこう。

実践者インタビュー

Profile

世界へボカン株式会社　代表取締役　徳田祐希
イギリス留学を経て、海外Webマーケティングを行なう企業に入社。外国人マーケターと共に海外Webマーケティングチームを牽引する。2014年8月に世界へボカン株式会社を設立。海外Webコンサルティングで、アフリカ向け中古車輸出企業の売上を30億円から500億円に導くなど、越境EC、製造業・メーカ―の海外販路拡大プロジェクトで数多くの実績を残す。2021年よりJETROで海外マーケティングの講師も務める。

　提案の質を高めるためには、早いタイミングで顧客を理解することが重要だ。世界へボカンでは、提案を初回訪問、再訪問の2フェーズに分けている。

　工夫していることは、初回訪問"前"にヒアリングシートを提案顧客に送っていることだ。顧客のヒアリングシートに対する記載レベルから、担当者のマーケティングに対する理解度や課題感を把握している。事前に顧客理解ができているため、顧客に合った提案を初回から行なうことができる。

　ちなみに、ヒアリングシートは顧客のターゲット属性に合わせて複数作成している。ターゲットセグメントを拡張する際は、あわせてヒアリングシートの作成も行なっている。

　初回訪問時には、ヒアリングシートの内容を参考に、課題を解決する方法の仮説を伝えるようにしている。仮にコンペになる場合でも、自分たちは初回訪問時に仮説提案をしており、競合よりも一足早くクライアントと深い議論ができるようになる。

　再訪問時では、ヒアリングシートの項目以上に顧客の理解度を高め、顧客の

課題が解決できているイメージを作っている。このイメージの深さが提案の質を左右すると考えている。

　また、必ず「御社が選定する際の判断基準は何か？」を聞くようにしている。選定基準が決まっていない場合は、顧客の参考となる判断基準を伝えている。たとえば、越境ECの構築プロジェクトでは、販売する国の事情を理解できていること、その国の文化背景を理解しているスタッフがコンテンツを作る体制があることの重要性を伝える。このように、判断基準を伝えることで、価格が購買決定要因にならないようにしている。

　高額商材で成約率を高めるためには、提案書はテンプレートではなくセミオーダーとすることが基本である。そのため、ヒアリング内容をもとに再訪用の資料作成を行なう。その際、Similar Webを活用した競合調査、簡易的な顧客インタビューなどを追加で実施している。データや顧客の声など、根拠を付け加えることで、提案の質を高めている。

実践者の成功ポイント

・初回打ち合わせ前にヒアリングシートを送り、顧客を理解する
・ヒアリングシートは顧客属性に合わせて複数パターン用意する
・顧客の判断基準を聞く

費用対効果を示す

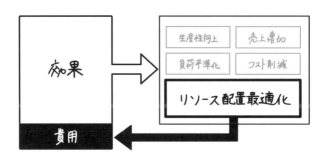

解 説

「03-02 顧客に届けるメッセージを決める」でも解説したが、購買行動において（特に BtoB の場合は顕著に）商品導入の意思決定者、担当者、利用者が異なる。その中の誰にメッセージを届けるのかはあまり意識されないが、重要な論点だ。

特に意思決定者を押さえることは重要で担当者との商談では自社の商品に対する印象が良く、提案が刺さっていても、担当者が上司に「費用対効果」を説明・説得できないと、最終的な稟議が下りないケースがある。当然、購買の意思決定要因は費用対効果だけではない。

しかし、購買プロセス上、費用対効果はほぼ必ず指摘される要素だ。マーケティングコンテンツ、営業トークとして、カウンタートークは用意しておきたい。

ポイント01　どの軸で費用対効果を出すのかを決める

「費用対効果」と一口に言っても、「効果」をどのように説明すべきかは商品
によって変わる。

・売上増加
・コスト削減
・生産性の向上
・業務負荷の平準化
・期間の短縮
・固定費の変動費化
・リソース配置の適正化

など、どの「効果」で説明するのが良いか検討しよう。

　たとえば、筆者 (栗原) が経営する株式会社才流のマーケティング・コンサルティ
ングサービスでは、売上増加はもちろんだが、顧客社内の社員のみでマーケティ
ング活動を試行錯誤する場合と比較して、「コスト削減」「期間の短縮」の効果
を見いだしていただき、選ばれることが多い。

ポイント02　費用対効果が合うからといって導入されるわけではない

　購買行動の難しいところは「費用対効果が合う＝導入」とはならないところだ。
　極端な話、購買担当者と営業パーソンとの相性が合わず、発注しないかもし
れないし、サービス提供企業のスタンスと自社の相性を加味して、業者を選ぶ
かもしれない。
　ほかにも「予算」の問題がある。課題感が強く、解決した場合の費用対効果
が合うことはほぼ確実でも、今期の予算では見込んでいないため、来期でしか
発注できない、というケースがある。また、売上1億円の企業に「10億円の投
資をすれば、30億円のリターンがある」という提案を持って行っても、発注
をもらえる可能性は低いだろう。「ない袖は振れない」という話だ。

ポイント03　費用に応じて、提案する相手を変える

　費用対効果が合うことは確実でも、投資費用が巨額だと提案が通らない可能性がある。企業の場合、担当者・課長・部長・役員等の各階層で決裁できる金額が変わる。1000万円未満の費用に関しては部長決裁で発注できても、1000万円以上の投資は役員以上の決裁でのみ発注できる、などのケースが多い。

　自社が扱っている商品がどの程度の費用で、その決裁を通せるのは誰なのかを把握し、営業・マーケティング活動に反映しよう。

実践者インタビュー

Profile

TORiX株式会社　代表取締役　高橋浩一
外資系戦略コンサルティング会社を経て25歳で起業、アルー株式会社に創業役員として参画。創業から6年で70名までの組織成長を牽引。2011年にTORiX株式会社を設立。コンペ8年無敗の経験をもとに、3万人以上の営業強化支援に携わる。主な著作に『無敗営業「3つの質問」と「4つの力」』、『無敗営業　チーム戦略』（ともに日経BP、シリーズ累計6万部突破）、『なぜか声がかかる人の習慣』（日本経済新聞出版）。

　顧客がサービスやツールを検討する際、費用対効果を気にするケースはたしかに多い。しかし、当社では、「顧客が本当は何を知りたいか」がつかめていない状態でその問いに真正面から答えることは推奨していない。実は「費用対効果」という言葉が顧客から出る際、本当に知りたいのは費用対効果ではない場合がほとんどである。

　前提として、「買ってよかったな」という思いを顧客は得たい。費用対効果を明示する以前に、「顧客は何にお金を払うのか？」「どうしたら買ってよかったなと思ってもらえるか？」という問いに答えることが重要だ。

　顧客が費用対効果を気にする場合、「費用対効果を聞くことで何を確かめたいのか？」を見極める必要がある。

費用対効果の質問が発生する場合は、たいてい3つのパターンに分類される。

①決裁者が念のため確認したい
②担当者が社内を説得したい
③まだ導入したいと思っていない

　この3つのパターンのどれに当てはまるかわからないうちに、費用対効果を明示しても意味がない。
　たとえば、「②担当者が社内を説得したい」場合では真正面から費用対効果を出すよりも、通る稟議書の作り方を担当者と一緒に考えるほうが重要だ。過去に顧客社内で稟議が通過したパターンと通過しなかったパターンをヒアリングし、それぞれの特徴を押さえたうえで、通る稟議書を作成するサポートを行なう。
　「①決裁者が念のため確認したい」場合は、「本当は何を聞きたいのか？」を明確にするために、ひたすら「なぜやりたいと思ったのか？」を深掘りする。その過程で決裁者の真の目的が明確になるため、筋の良い回答ができる。
　費用対効果を出すことよりも、課題や要件を顧客としっかり握り、何にお金を払っていただくのかを言語化するプロセスこそが受注率を高めるポイントとなる。

実践者の成功ポイント

・費用対効果を聞かれたら、真正面から回答する前に「何を確かめたいか」を見極める
・費用対効果を問う質問の背後にある、顧客の心理や状況をヒアリングする
・費用対効果以前に、「お金を払って何を解決したいのか」を顧客とともに明確にする

アップセル・クロスセルを目指す

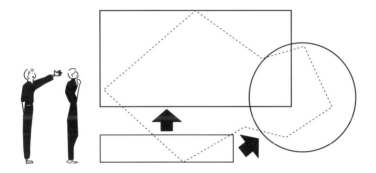

解説

　既存顧客に対しては、自社が提供できるサービスを抜け漏れなく伝え、顧客の課題を解決しつづけることが大切だ。

　適切な関連商品を提案できると、顧客1人当たりの単価が上がり、LTVを高めることにつながる。

　既存商品のアップデートや新商品に関する情報は、顧客に意味がある形で伝える工夫を怠らないようにしたい。

ポイント01　顧客理解を深める

　アップセル・クロスセルを生むためには、顧客の求めることや抱える課題を正しく理解することが重要だ。

　既存顧客を正しく理解するためには、

・すでにアップセル・クロスセルが生まれている既存顧客にインタビューする
・BtoBの場合は、組織図や担当者の業務範囲やミッションなどを把握する

などを推奨したい。

　自社都合で提案をするのではなく、既存顧客の体験を最適化することに集中し、結果として関連商品を導入してもらえる状態を目指そう。

ポイント02　自社の商品価値を理解する

　マーケターは、自社が提供する商品と、その価値を理解する努力を怠らないようにしよう。自分自身が商品と価値を理解できていなければ、顧客に伝えることは難しい。複数商品を扱っている場合は、担当していない商品やサービスも理解して、伝えられる準備をしよう。

　日頃から、

・自分が担当していない商品やサービスの担当者と関係性を築き、情報を取得する
・社内の提案資料は最新情報をキャッチアップし、一元管理する
・商品価値が不明確な場合は、開発担当や営業担当にヒアリングする

などを推奨したい。

　マーケターは、自社の商品価値は、誰よりも詳しく理解し、自信を持って顧客に伝えることができる状態を目指そう。

ポイント03　伝える機会を増やす

　顧客が新商品や関連商品について伝える機会を増やそう。自社が提供できるサービスは抜け漏れなく伝え、機会損失が起きないようにしたい。

　すぐに実践できることとして、

・商談の中で新商品の紹介時間を確保する
・自社が提案可能な商品の一覧資料を作成し顧客に示す
・メルマガで関連商品の情報を周知する

などが推奨アクションである。

　営業とも協力し、顧客に自社の価値が抜け漏れなく伝わっている状態を目指そう。

実践者インタビュー

Profile

株式会社Buff　顧問事業部　事業責任者　野村幸裕
新卒で株式会社キーエンスに入社、センサ事業部に配属。その後、Sansan株式会社を経てBuffに入社。営業ではエンタープライズ企業の組織攻略を得意とし、数多の大手クライアントを攻略してきた実績を持つ。Buffでは事業責任者として「5 Standards Model」をベースにSMBからエンタープライズまでさまざまな企業の営業組織改革を成功させている。

　顧客ニーズを理解するために、経営や事業戦略を調べることを大切にしている。まずは、顧客のことを徹底的に理解する。営業先が上場企業であれば訪問前にIR資料を読み込むようにしている。経営戦略、事業戦略などネット検索でわかる範囲でもインプットした上で商談に入る。顧客の事業、広報の動きなどを理解していると提案のズレをなくしやすい。

　また、顧客のことを顧客以上に詳しくなるよう意識している。既存の顧客と

なると、部署をまたいでコミュニケーションをとる機会も多い。NDA締結をしたあとであれば、上位役職者の方にプロジェクトのスケジュール表や人員配置を提供してもらうように依頼している。

組織図のようなデータでそのままいただくことが難しい資料は、ミーティングを行ない、その場でノートとペンを用意して図解しながら記載する。組織図と決裁者と各事業部のミッションを把握したうえで、事業部を横断して自社商品を使ってもらえる可能性を考えている。

ヒアリングは当然行なうが、顧客が言っている情報がすべて正しいとは限らない。顧客には「理解を深めるために現場を見せてもらえないか」とお願いをするようにしている。たとえば、キーエンス時代は、実際に工場に入り装置を見せてもらったり、Sansan時代は、現場で名刺データを見せてもらうといったことを行なってきた。

現場を見ることで顧客の言葉には出て来ないニーズを理解し、より上位のプランや関連商品を薦められる可能性を広げることができる。

商談の最後には5〜10分で「ワンモアPR」の時間を確保している。ワンモアPRとは、最後に自分たちの商品の中で顧客の課題を解決できそうなものを提案する時間をもらうことだ。関連商品の購入率を高めるためには「複数商品のPR率」をKPIにし、SFAで見える化し、組織として機会損失を防ぐようにしている。

一方的な提案を行なうだけではなく、担当の方には、ほかに注力しているプロジェクトがないかも聞くようにしたい。また予算に関しても顧客の言うことを鵜呑みにせずほかの部署やプロジェクトから予算を引っ張ることができないかを確認する。常に、自分たちが提供できる商品の提案漏れや、解決できる課題を聞き逃すことによる機会損失がないように心がけることが重要だ。

実践者の成功ポイント

・プロジェクト概要や組織図などは早いタイミングで提供いただく
・現場を見せてもらい、顧客の言葉から出て来ないニーズを理解する
・商談の最後には5分〜10分でワンモアPRの時間をもらい、提案漏れや機会損失を防ぐ

memo

第5章

支援

オンボーディング
プログラムを作る

解説

　オンボーディングとは「ユーザーに対して商品の価値や使い方を理解してもらい、定着を目指すための仕組み」のことだ。

　ユーザーの商品に対する習熟度を高め、自立して活用してもらうことで、滞りなく、かつスピーディに商品価値を体験できるようにサポートすること、その結果として解約率を下げることが目的となる。

　LTVを高めるための重要な取り組みであり、マーケターも協力しながらオンボーディングプログラムを構築しよう。

ポイント01　初期体験で期待を裏切らない

　サービスを利用開始した顧客に「この商品は自分に向いていない」「自分には使いこなせない」と判断されると、その後の継続利用は望めない。とくに収益を積み重ねるストック型ビジネスでは、「継続率の上昇＝収益の上昇」につ

ながるため、オンボーディングの仕組みが整っていないと大きな損失になる。「人は7〜20秒以内に他者に対する印象を決める」という研究結果があるが、商品やサービスでも同じことがいえる。初期の利用体験でユーザーに良い印象を持ってもらおう。

ポイント02　顧客が望む成果を理解する

　オンボーディングプログラムを設計する前に「顧客が望んでいること」を理解しよう。「顧客が望む成果」をいち早く出すことが重要で、どれだけ手厚くサポートをしても、顧客の期待と支援内容にギャップが出てしまうと満足度が下がり、解約につながる。

　顧客が望んでいる成果を把握するためには、「営業段階で理解した顧客課題を社内に共有する」「既存顧客のインタビュー内容を社内に共有する」といったことが有効だ。オンボーディングの質は、カスタマーサポートチームだけで高めることは難しい。開発・営業・マーケティングなど組織が一体となり、顧客が商品を使いこなすための仕組みを作ろう。

ポイント03　顧客セグメント別にオンボーディングプログラムを作る

　オンボーディングのアプローチ方法は大きく3つに分類できる。顧客セグメントごとに求められることは異なるため、顧客セグメントごとに最適なオンボーディングプログラムを作成しよう。たとえば、以下のような分類だ。

①ハイタッチ：大口顧客に対するサポート
・専属の営業担当 をつける
・専属のサポート担当をつける

②ロータッチ：中口顧客に対するサポート
・勉強会や情報交換会を実施する
・ユーザー会を開催する

③テックタッチ：小口顧客に対するサポート

・解説動画、チュートリアルを用意する

・ヘルプ情報を充実させる

　顧客数が増えてくると、すべての顧客に均等なオンボーディング支援をすることは難しい。リソースが限られている場合は、優先的にサポートをするセグメントを決めて取り組むことを推奨する。

実践者インタビュー

Profile

Asana Japan株式会社　コミュニティ・マーケティング・プログラム・マネージャー　長橋明子

大学卒業後、NTTコミュニケーションズ、ワークスモバイルジャパンにて「LINE WORKS」のカスタマー・エクスペリエンス＆アドボカシー、オートメーション・エニウェアにてRPA製品のカスタマーマーケティングを経験後、2020年8月よりAsana Japanにてコミュニティ・プログラムを担当。日本におけるユーザーコミュニティの立ち上げと推進を担当し、ユーザー主体のコミュニティの成長を支援している。

　事業が成長し、顧客数が増えてくると、すべての顧客1人ひとりに合わせた属人的な支援は難しくなる。そのため、オンボーディングは「仕組み化・自動化」することがカギとなる。オンボーディングはどの顧客でも流れが共通しているので、仕組み化・自動化しやすい領域であることを理解しておきたい。

　一方で、高単価でカスタマイズ性が高い商品であれば、専属担当がつき相手に合わせたサポートが必要な場合もある。オンボーディングプログラムを作る際は、自社の商品に求められる支援体制を理解したうえで設計することが重要だ。

　Asanaで取り組んでいるコミュニティに関してお伝えしたい。

　オンボーディング支援の1つにコミュニティの存在がある。「Asana Together」という、ユーザーやエキスパート同士がつながり、ともに学び、アイデアを共有し合うためのグローバルコミュニティを運営している。

コミュニティの特徴として、「メンバー制度」を明確にしていることがある。Asanaを社内・社外に広め、ほかのユーザーを支援したいと考える個人向けのプログラムを作っており、申請後にトレーニングを受け、認定された人が正式なメンバーになれる仕組みとなっている。

メンバーは、メンバー限定のイベントや、Slackスペースでのコミュニケーションなどに参加でき、率先してユーザー同士で問題を解決することに協力してくれたり、自らイベントを開催してコミュニティを盛り上げてくださっている。イベントだけでなく、「フォーラム」と呼ばれるオンラインの掲示板でユーザー同士がQ&Aを解決できる仕組みがあるのも特徴だ。このように、「ユーザー同士がつながり学び合ったり、問題を解決し合ったりする仕組み作り」もオンボーディングにつながっている。

Asanaにおけるコミュニティは、コミュニティによりプロダクトの口コミを増やし、ユーザーを増やすというブランド・マーケティングの位置づけで始まったものである。だが実際には、専属のカスタマーサクセスマネージャーがつかない顧客や、セルフサーブと呼ばれるクレジットカード払いの少人数チームのユーザーのオンボーディングにおいても功を奏している。

最近は、コミュニティを作ることが注目を集めているが、コミュニティを作ることそのものが目的化してしまってはいけない。コミュニティを作ることが自社の戦略の中で何に作用するかを明確化し、適切な位置づけを行なうことで、オンボーディングに役立つコミュニティを実現できると考える。

実践者の成功ポイント

- ・オンボーディングは仕組み化・自動化する
- ・ユーザー同士が問題を解決し合う仕組みを作る
- ・オンボーディングの中にコミュニティ活動を位置づける

顧客の問題解決を支援する

解 説

　商品を提供する中で、使い方に関する疑問や活用に関する質問など、顧客からサポートを求められるときがあるだろう。

　そんなときに顧客がすぐに課題を解決できるようになっているだろうか。顧客が問題を抱えたあとに「相談」や「質問」をすることのハードルはほとんどの人たちが思っているよりも高い。

　電話やメールでの「相談窓口」を設けているだけでは、ほとんどの顧客は使わず、問題を抱えたまま不満を溜めつづけてしまうだろう。より多くの顧客に満足してもらうために、顧客が問題をすぐに解決できる仕組みを強化しよう。

ポイント01　さまざまな問題解決の手段を用意する

電話やメールでの「相談窓口」以外にも、顧客の問題解決を手助けする手段は多数存在する。

たとえば、

- マニュアルの用意、充実
- FAQサイトの充実
- 活用事例や活用ノウハウ、機能アップデートを発信するブログ
- 活用事例や活用ノウハウ、機能アップデートを発信するメールマガジン
- LINEなどのチャットシステムでの問い合わせ窓口
- 定例会の開催
- ユーザー会、ユーザーコミュニティの組織
- 電話やメールでのカスタマーサポートの体制拡充

などだ。「すべての問題解決手段を実装しよう」という話ではないが、顧客にとってアクセスしやすく、使いやすい手段はいくつか用意しておきたい。

ポイント02　ユーザー同士で課題解決してもらう

最近、BtoBサービスを中心に徐々に増えているのが、ユーザー会やユーザーコミュニティだ。

筆者（栗原）も会社で契約しているいくつかのソフトウェアサービスでSlackコミュニティに参加している。サービス提供企業が作ったコミュニティの中で最新情報が発信され、利用者同士のコミュニケーション、コラボレーションが生まれている。

企業がユーザーに対して発信する情報だけでなく、利用者同士の横のつながり・情報交換を通じて、問題解決が行なわれるメリットがある。

ポイント03　満足度が高いユーザーにも新しい機能を届ける

顧客がすぐに問題解決できる仕組みを整え、顧客満足度が高まったとしよう。

その先でよくある落とし穴が、既存顧客がそのサービス体験に最適化されすぎてしまい、企業が提供する新しい機能をまったく体験しなくなるケースだ。

　既存顧客はサービス体験に満足しているがゆえに、新しい情報や使い方を学ぼうとしなくなる。その結果、せっかく顧客のメリットにつながる機能やサービスを追加しても、それを使ってもらえない、というジレンマが存在する。

　今は問題を抱えておらず、満足している顧客に対しても、より良い体験をしてもらえるように新しい機能や情報は届けていこう。

実践者インタビュー

Profile

株式会社イルグルム　執行役員CMO　吉本啓顕
2009年、株式会社イルグルムに新卒入社。主力製品のエンジニア、プロジェクトマネージャー、営業を経て、マーケティング部の立ち上げ責任者に就任。アドエビスのデジタル戦略を統括し、事業の成長に貢献。現在はアドエビス事業の統括として、製品企画とマーケティング部門を牽引。2019年10月、執行役員に就任。

　インバウンド型の課題解決と提案型の課題解決に分けて、それぞれ2つ紹介したい。

　インバウンド型の課題解決では、サポートセンターとFAQサイトを用意している。特定機能の特定の使い方に関するお客さまの疑問を解消するもので、いわゆる"ツールの使い方"に関する課題を解決する取り組みだ。

　提案型の課題解決では、カスタマーサクセスチームによるサクセスプログラムの提供と既存のお客さま向けのセミナー・勉強会を定期開催している。今はツールの利用に困っていないお客さまに対しても、潜在的な課題も含めて解決しようと取り組んでいる。

　カスタマーサクセスチームによるサクセスプログラムの提供は特に効果があり、ツールの月次解約率を半減させることができた。

　「アドエビス」はマーケター向けの広告効果測定ツールになるため、広告主・

広告代理店さまの分析・レポート業務の中でどうツールを使ってもらえるかが重要になる。しかし、「ツールを使えている」「ツールを使いこなせている」と言ったときに、どのような状態を指しているかは、実はお客さまによって異なる。

　お客さまにとっての「ツールを使えている」を達成するために

・何を期待して「アドエビス」を導入したのか
・どういう課題を解決したいのか
・どのような価値を手に入れたいのか

などをサクセスプログラムを通して明確にし、お客さまごとにカルテを作成している。カルテはCRMツールに蓄積され、初期設定のサポート時はもちろん、「お客さまが当初要望していたことを実現できているか？」をツールの利用状況から把握するために使っている。

　こうした取り組みを通して得られたお客さまの声は、製品企画部門が吸い上げ、お客さまの課題をより良く解決できるようにプロダクト開発に活かしている。

実践者の成功ポイント

・インバウンド型の課題解決だけでなく、提案型の課題解決にも取り組む
・お客さまにとっての「ツールを使えている」状態を定義する
・お客さまごとのカルテを作り、カスタマーサクセスやサポートに活用する

05-03

優良顧客とのつながりを
強化する

解 説

　優良顧客とは、自社商品の愛用者、もしくは自社の売上・利益に貢献度が高い顧客のことである。

　ブランドの存在を口コミで広げてくれたり、継続利用してくれる顧客は貴重な存在だ。

　優良顧客とつながりを強化することができると、広告費に頼ることなく紹介から顧客獲得ができたり、LTVが高まるといったメリットがある。

　「05-04 既存顧客に会う機会を増やす」も参照し、組織の中に仕組みを作っていこう。

ポイント01　理想の顧客体験を定義する

　まずは自社にとっての理想の顧客体験を定義することから始めよう。理想の顧客体験や顧客への提供価値が定まっていない中で、優良顧客とのコミュニケー

ションを強化しても部分的な改善で終わってしまう。

　理想の顧客体験を定義したあとに、優良顧客を定義し、関係性を築く順番で考えよう。

　優良顧客の定義では、詳細な分析に入る前に大枠を捉えることが大切だ。有名な「80：20の法則」で考えることを推奨する。

　たとえば、

・売上／利益の上位20パーセントの顧客を抽出する
・サービス利用率が上位20パーセントの顧客を抽出する

など、まずは大枠で自分たちのビジネスを支えている20パーセントの優良顧客を把握しよう。

　上位20パーセントの顧客が誰で、どのようなニーズを持っているかを理解していると、戦略や打ち手の精度も高まりやすい。

ポイント02　優良顧客と関係性を築く

　優良顧客を把握したあとは、コミュニケーション方法を検討する。

　関係性を築くための方法として、

・優良顧客向けの厳選した情報提供
・優良顧客向けのインセンティブプラン作り

といった施策から取り組むことを推奨する。

　参考事例として、「よなよなエール」を展開する株式会社ヤッホーブルーイングを紹介したい。

　年間契約をしている顧客向けには、限定商品や限定コンテンツの提供、イベントの先行予約などの特別体験を作っている。優良顧客向けの特別体験がクチコミを生み、集客効果を高める仕組みにもなっている（参考：よなよなエール公式ウェブサイト）。

　優良顧客が持つブランドに貢献したい気持ちや、特別感を味わいたいといった気持ちを汲み取り、コミュニケーションを取ろう。

ポイント03　優良顧客と定期的にコミュニケーションをとる

　優良顧客との関係性を深めるためには、一度限りのイベントやキャンペーンで終わってはいけない。

　優良顧客限定のメルマガやユーザーコミュニティの構築など、定期的にコミュニケーションをとる仕組みを作りたい。

　インタビューや座談会形式で直接話せる場も定期的に作り、優良顧客がどのような行動をとっているか、どのような関心を持っているかを観察しよう。

　優良顧客と関係性を深めることで、顧客が自社を選んでくれている理由や、これから求めることを理解できる。優良顧客の声を丁寧に集め、マーケティング活動や商品の改善に活かしていこう。

実践者インタビュー

Profile

株式会社ラクス　配配メール事業部 事業部長／Mail Marketing Lab総責任者　安藤健作
2006年に株式会社ラクスに入社し、サポートチームを組織化したのち、マーケティングマネージャーを経て2016年より同事業部事業部長。メールマーケティングのエバンジェリストとして、さまざまなメディアやTwitterにて日々情報発信を行なっている。

　配配メールのCS方針として「世の中からいけてないメルマガを駆逐する」を掲げている。

　現在、9000社近くの企業が配配メールを利用しているが、全ユーザーが80点以上のメールマーケティングを実践できる環境を整えることを第一に考えて、既存ユーザーとのコミュニケーションをとり支援をしている。

　優良顧客を定義したり、インセンティブプランを考えたりする前に、利用ユーザー全体の体験・成果を最適化することが重要だと考えている。

　ユーザーへの提供価値がブレていたら、優良顧客へのインセンティブプラン

を考えても成功しない。

　仮に、配配メールの優良顧客を定義すると、2つの条件がある。

　1つ目は、メールマーケティングを本気で考えている顧客。

　2つ目は、メールマーケティングで成果を出している顧客である。

　この2つの条件を満たすユーザーを増やすための工夫は常に行なっている。具体的には、定期的にユーザーにとって意味ある情報を発信している。全員が80点以上とり、成果を出せるメールマーケティングを実践するために、自分自身がTwitterや既存ユーザーが集まるユーザー会でメールマーケティングの成功ノウハウを発信しつづけている。情報を発信しつづけることで、本気で成果を出そうとしている優良顧客とつながることができる。

　ユーザー会は、本気度が高く、自分たちの成功ノウハウを積極的にシェアするユーザーが集まる傾向にあり、開催しつづけることで顧客紹介やアップセル（プランアップ）につながっている。

　失敗体験を簡単にご紹介したい。

　顧客に直接会わずに、競合調査や表面的なアンケートを実施していた時期は、高度だがやや難解な機能の追加といった、顧客のニーズとは関係ない打ち手をとってしまっていた。定期的にユーザーとつながる場を作ることで、自社都合の機能追加をする発想は少なくなった。ユーザー会やSNS発信を定期的に行なうようになり好循環が生まれている。

　顧客に対して正しいノウハウを伝えてメールマーケティングの成功に導くと同時に、顧客との対話からニーズを理解することにもつなげることができている。

実践者の成功ポイント

・自社にとってのカスタマーサクセスの定義を言語化する
・優良顧客同士がつながる場を作る
・優良顧客に定期的に会うことで、顧客の求めていることを把握する

既存顧客に会う
機会を増やす

解 説

　マーケティングの世界で引用されることが多い法則「1：5の法則」「5：25の法則」がある。

・1：5の法則……新規顧客の獲得コストは、既存顧客の維持コストの5倍かかる法則

・5：25の法則……顧客離れを5パーセント改善すれば、利益が25パーセント近く改善される法則

　新規顧客と既存顧客のどちらに行動の比重を置くべきか迷うケースは多々ある。上記の法則からわかる通り、既存顧客との関係性は利益への影響度が大きく、優先順位・重要度は高く考えたい。

　既存顧客に会う機会が少なくなると、顧客が求めていることが理解しにくくなり、サービスの品質低下につながる。どのタイミングで、組織内の誰が、既存顧客とコミュニケーションをとるのかはルールを作ろう。

ポイント01　既存顧客の状況を理解する

「ヘルススコア」と呼ばれる、顧客の状況を見える化する指標があり、顧客がサービスを継続利用してくれるかどうかを数値化した指標のことだ。顧客のサービスサイト滞在時間や、アプリサービスであればログイン回数、アンケートの回答結果などから計測する。

　顧客の状況を正しく理解しないことにはとるべきアクションが見えてこない。まずは自社に合ったヘルススコアを定義し、既存顧客の状況を見える化しよう。

ポイント02　コミュニケーション計画を作る

　ヘルススコアを設定したあとは、既存顧客とのコミュニケーション計画を作る。基本は下記項目を整理することを推奨する。

・対象顧客（例：ヘルススコア○点以下）
・訪問目的（例：状況のヒアリング、新機能の告知）
・訪問内容（例：テレビ会議で1時間の1on1）
・訪問頻度（例：月1回や半期に1回）

　既存顧客と適切なコミュニケーションをとるには、指標と連動して、組織にアラートが上がる仕組みを作ろう。顧客の状況に応じて、誰が、どのように対応するかのルールを決めておけると、対応スピードを上げて顧客満足度を向上させやすくなる。

　発注金額が多いなど、自社にとって重要な顧客の場合、たとえば4半期に1回は顧客を訪問するなどを習慣化するようにしたい。また、半期に一度の定期訪問をイベント化する、ユーザー会を定期開催する、など既存顧客と接点を作る仕組み作りが有効だ。

ポイント03　顧客の状況は部署を横断して共有する

　既存顧客への訪問はカスタマーサクセス部門だけが担うものではない。セールス・マーケティング・カスタマーサポート・R&Dなどの各部門が直接会う

ことで、顧客のビジネスの成功をイメージし、それぞれ施策を検討できるように
なる。

　既存顧客に会った際に得られた情報は、部署を横断して情報共有し、組織全体が顧客の状況を理解し、顧客満足度を高めるための打ち手をとれる状態を作ろう。

実践者インタビュー

> **Profile**
> Asana Japan株式会社　コミュニティ・マーケティング・プログラム・マネージャー　長橋明子
> 大学卒業後、NTTコミュニケーションズ、ワークスモバイルジャパンにて「LINE WORKS」のカスタマー・エクスペリエンス＆アドボカシー、オートメーション・エニウェアにてRPA製品のカスタマーマーケティングを経験後、2020年8月よりAsana Japanにてコミュニティ・プログラムを担当。日本におけるユーザーコミュニティの立ち上げと推進を担当し、ユーザー主体のコミュニティの成長を支援している。

　事業が拡大し顧客数が増えてくると、1人ひとりの顧客が見えにくくなる。顧客が見えにくくなると、打ち手が顧客中心ではなく、自社の都合で行なわれるようになってしまう。逆に、顧客から情報を集めてはいるが、目的なく顧客の声を集めすぎて、顧客体験の改善につながっていないケースもある。

　最初にユーザーの声を集める目的を決めることが重要だ。

　Asanaでは、顧客の声を集めることは、プロダクト開発や顧客体験改善に活かすことを目的としている。

　具体的に顧客の声をどのように集めているかをご紹介したい。

　大前提として、事業フェーズやプロダクト特性に合った最適な既存顧客とのコミュニケーションを考えることが大切だ。

　既存顧客とコミュニケーションをとる方法は複数あるが、アーリーステージの企業であれば、顧客インタビューから始めるのが良いと考えている。顧客が

増えてくるにつれてほかの手法を組み合わせることがおすすめだ。

　プロトタイプを作り顧客に意見を求めたり、事例インタビューと合わせてプロダクトチームへのフィードバックをもらうなど、業務プロセスに組み込み顧客の声を集める仕組みを整えたい。

　Asanaでの顧客の声を見える化する仕組み作りを紹介したい。代表的な例が「コミュニティフォーラム」だ。ユーザーが議題となるスレッドを作成して、誰もがその議論に参加し、賛同する場合は票を投じることができる。改善意見を伝えていただいたユーザーは、自分の意見が反映されているかを気にしている。そのため、顧客意見と反応が見える化されることが安心感につながる。

　最後に、カスタマーサクセス部門やコミュニティマネージャーだけが顧客対応を背負わないことが重要である。あくまで顧客の声は組織全体で向き合い、顧客体験を改善していくようにしたい。

実践者の成功ポイント

・顧客の声を集める目的を決める
・顧客の声を聞いたら、改善状況は見える化する
・顧客の声には部署を横断して、組織全体で向き合う

解約理由を把握する

解 説

　実施のハードルは高いが実行できればリターンの大きい取り組みに、顧客の解約理由の把握がある。

　解約に至った顧客のプロファイル情報（企業規模や業界、部署、役職、年齢など）を理解することはたやすい。

　しかし、それだけでは「なぜ解約したのか？」「どこに不満を持ったのか？」まではわからない。重要なのは、解約する顧客の傾向と理由を把握して、対策を打つことだ。

　解約理由を把握するためには、解約顧客に直接インタビューしたり、アンケートをとったりすることを推奨する。

ポイント01　理想の顧客体験を定義する

　解約顧客の特徴を見つけ、ボトルネックを潰す前に、まずは自社サービスの理想の顧客体験を定義したい。

　理想の顧客体験を描くことなく、改善点を潰してばかりでは最終的に出来上がるのはツギハギの顧客体験だし、サービスの範囲が無限に広がってしまい、逆に既存顧客の満足度を下げることにもなりかねない。

　自社のターゲットは誰で、どのような問題を、どのように解決したいのかを定義してから、解約顧客の特徴把握に取り組もう。

ポイント02　解約顧客の特徴をつかみ、早めに手を打つ

　まずは過去の顧客一覧を作り、解約した顧客と解約せずに継続している顧客を比較しよう。

　解約顧客の特徴を言語化している企業は少ないが、分析してみると明確な傾向が現れることが多い。名刺管理SaaSを提供し、今や時価総額2800億円を超える（2021年5月1日時点）Sansan株式会社では、創業期、創業者自らが顧客のオフィスに訪れ、解約を防ぎながら、顧客ニーズを把握していたという。

《彼らは名刺の読み取りが進んでいないユーザー企業はどこか、しっかり把握していた。そういう顧客は放っておくと解約率が高まることも分かっていた。時に積極的に連絡し、オフィス訪問をして、作業の代行をしていた。それも創業者自らがスキャンしていた。会社を訪問し、スキャンしながら「ユーザー企業の社員と会話ができたのは良かった」と彼らは振り返っていた。》

（出典：日本経済新聞「創業当初は節約が大事」https://www.nikkei.com/article/DGXKZO56335790T00C20A3XY0000/）

ポイント03　潜在的な競合を理解する

　解約顧客を減らし、顧客満足度の高い顧客を増やすために「カスタマーサクセス」が注目されているが、カスタマーサクセスをしているからといって、解約されないわけではない。

たとえば、Netflixで面白いドキュメンタリーを見ていて、とても満足していたとしても、Youtubeで面白いチャンネルが見つかれば、Netflixは解約され、Youtubeに可処分時間を取られてしまう。アメリカの経営学者であるマイケル・ポーターは業界や産業構造内には売り手、買い手、競合、新規参入者、代替品のプレーヤーがいることを「5forces」というフレームワークで解説したが、「新規参入者」や「代替品」の交渉力が強ければ、カスタマーサクセスしていても解約は起きてしまう。

解約理由の分析から潜在的な競合を理解し、対策も考えよう。

実践者インタビュー

Profile

freee株式会社　執行役員／SMB事業部長　川西康之
1983年富山県生まれ。東京大学法学部卒。在学中に友人らとWebマーケティング会社を起業。自社の経営と並行して、他社取締役としての業務や一般社団法人設立・運営など複数法人の経営業務全般に従事。2016年5月よりfreeeに参画し、事業開発部のマネージャーとなり、2016年10月より個人事業主向け事業の統括を務める。2017年4月よりマーケティング統括を兼任。

プロダクトの利用状況を見て解約顧客の傾向を把握したり、解約時にアンケートを取ったり、一定規模以上の顧客にはコンシェルジュデスクから解約理由を直接ヒアリングしたり、解約理由の把握に関して、基本的なことは一通り実践している。

「解約理由の把握」は大切だが、解約理由を潰す発想だけでは、何が自社にとって重要な課題なのかがわからず、迷走しやすい点は注意が必要だ。

解約率を下げるためには、むしろ自社の強みから発想して「強みが届いていない顧客の傾向は何か」「なぜ強みが届いていないのか」「どうすれば強みを体験してもらえるか」を考えることが有効だ。強みからの発想からは「強みを使ってもらうために、ユーザーガイドをこう変えよう」「この機能を使いやすくしよう」

などの実行可能性の高いアイデアが生まれる。

　freeeでは「マジ価値（本質的で価値ある）」という独自の価値基準を合言葉にしていて、「マジ価値（本質的で価値ある）」を顧客に体験してもらうことをプロダクト・マーケティング・セールス・カスタマーサクセスの全部門が意識している。

　freeeの強みは会計ソフトだけではない、さまざまなバックオフィス業務と「一気通貫」でつながることにあり、いくつかの「一気通貫ポイント」を体験すると、顧客に感動体験が生まれる。逆に「マジ価値（本質的で価値ある）」という強みが体験されていない状態に注目すると、本当に解決すべき課題（例：一気通貫ポイントとなる機能への遷移するスピードが遅い）が見えてくる。

　顧客接点が始まるマーケティングの段階から強みを訴求し、セールス時にもfreeeの強みを意識してもらえる提案をし、実際に顧客に使ってもらうことにカスタマーサクセス部門がコミットできると継続率はまるで変わってくる。

実践者の成功ポイント

- ・サービス改善のアイデアは、解約理由から発想しない
- ・サービス改善のアイデアは、自社の強みから発想する
- ・自社の強みを体験してもらうことに全部門が取り組む

優良顧客の
特徴を把握する

解 説

「05-05 解約理由を把握する」だけでなく、満足度の高い顧客の特徴も忘れずに把握したい。

自社の商品はどのような層の人たちに特に喜ばれているかを把握し、マーケティング活動を設計していこう。

すべての顧客を幸せにすることはできない。自社が幸せにしたい顧客を定義し、その層を広げていこう。

ポイント01　成功している顧客の特徴を分析する

「05-05 解約理由を把握する」と同様に、まずは過去の顧客の一覧を作り、成功している顧客の特徴を把握しよう。「成功している」の基準は

・アクティブ率が高い

・商品の機能を使いこなしている

・NPS（Net Promoter Score）が高い

・継続期間が長い

・リピート発注回数が多い

・発注金額が多い

などの切り口が考えられる。自社の商材において最適な「カスタマーサクセス」の基準を使おう。

ポイント02　成功につながる要因を分析する

　成功している顧客を抽出し、特徴を把握したら、その顧客群がなぜ「カスタマーサクセス」しているのかを考えよう。

　カスタマ　サクセスにつながる要因は

・認知経路

・購入時期

・特定のアクションをしている

・属性（業種、売上規模など）

・自社の担当営業

・発注内容

など、さまざまな要素が考えられる。この成功要因の選定はマーケターのセンスが試されるところだ。

　社内で議論していても良いが、実際に顧客にインタビューやアンケートを行ない、成功要因を把握するのが望ましい。BtoB企業の場合は事例インタビューとしてコンテンツ化し、Webサイトやメールなどで配信することも忘れずに行ないたい。

ポイント03　どうしたら成功している顧客を増やせるかを考える

　成功している顧客の特徴とその要因が把握できたら、成功している顧客をよ

り増やすための活動を行なおう。筆者（栗原）が過去に携わった事業では、売上規模が50億円以上の企業が顧客満足度と発注金額が高いことがわかり、売上規模50億円以上の顧客が増えるように

・Webサイトに掲載する事例企業を売上50億円以上に限定
・Webサイトの問い合わせフォームに売上規模のレンジを選択してもらう項目を追加
・売上規模50億円以上を選択した顧客にインサイドセールス部門が優先的に対応
・提案リソースを、売上規模50億円以上を選択した顧客に寄せる

という対応を行ない、受注率が上がり、案件単価も増加した経験がある。そして、成功する顧客が増えたため、事例インタビューのコンテンツが出しやすくなり、それがさらなるプロモ―ションコンテンツになり、問い合わせ数の増加を引き起こし、事業成長の一因になった。

実践者インタビュー

Profile

日本クラウドキャピタル　執行役員／CMO　向井純太郎
2001年上智大学理工学部卒。日本ヒューレットパッカードにて、金融機関向けのエンジニアとして従事したのち、上場前のライフネット生命保険に入社。システム企画に配属後、マーケティング部にて、WebマーケやCXの強化に取り組む。国内生保初のLINEサービスの立ち上げなどに従事。2019年 株式会社日本クラウドキャピタル に入社。CMOとして、広報とマーケティングの業務を行なう。

FUNDINNOにとっての顧客は、投資家とベンチャー企業の2種類が存在する。今回は投資家に焦点を当て、顧客の特徴を理解する方法を紹介していく。
　最初に顧客のセグメント定義をすることが重要である。

FUNDINNOでは、顧客を3つのセグメントに分類している。1つ目のセグメントは、ベンチャー投資という新しい金融サービスに興味があり投資をしていただいている顧客層。2つ目のセグメントは、ベンチャー企業の成長を応援したいと考えており、応援のために投資をしていただいている顧客層。3つ目のセグメントは、保有資産が大きく、以前からベンチャー企業に興味があり投資をしていただいている顧客層となる。

成功している顧客を抽出するためには、指標が必要だ。

FUNDINNOでは「投資回数」を事業上の重要指標に置いている。しかし、カスタマーサクセス組織がアクションを起こすためには投資回数だけでは判断できないことが多い。そのため、もう1つ細かい指標を置いている。具体的には、顧客別のアクティブ度を見るためのサイトアクセス状況と、満足度を理解するためにNPSを見ている。投資回数に合わせて、アクティブ度と満足度を掛け合わせて分析し、成功している顧客を見定めている。

成功している顧客に対しては、インタビューを定期的に実施している。大切にしていることは、インタビューとアンケートの繰り返しをすることである。注意したいことは、インタビューをした特定の強い想いを持った顧客の声だけで判断してしまうこと。

顧客の声を受け入れることは重要であるが、特定顧客の声は全ユーザーに共通しない可能性がある。特定顧客の意見を聞いたら、ほかの顧客層に共通する意見であるかを検証するためにアンケート調査をしている。特定顧客の声だけに引っ張られすぎないよう、インタビューとアンケートを往復して意思決定することが重要だ。

実践者の成功ポイント

・セグメント別に重要顧客を定義する
・重要顧客を見定めるための指標を定義する
・成功顧客の特徴を理解するためのインタビューとアンケートでの検証は往復して行なう

memo

第6章

測 定

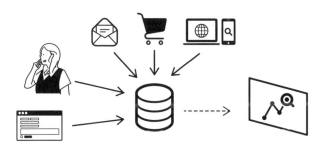

06 – 01

顧客に関する
データを整える

解説

　顧客に関するデータは将来の分析を前提に整備しておこう。

　顧客データが分析できる状態になっていることで、顧客を中心に捉えたマーケティング活動が実践できる。

　また、データに基づいて仮説を考えることができるため、PDCAサイクルを高精度で回すことができる。

　自社のマーケティング活動のレベルを一段上げるために、顧客に関するデータを蓄積する仕組みや文化を作ろう。

ポイント01　データ活用状況を把握する

　かかわる事業の顧客データはどのように整備され、活用されているかを最初に把握しよう。主に下記3つの視点で整理してみることを推奨する。

・どのようなツールを使って管理されているか？
・どのようなデータを取得しているか？
・データを活用してどのような意思決定が行なわれているか？

　自社データへのアクセス権限を可能な範囲で取得し、全体像を把握しよう。取るべきアクションを決めるためには、現状のデータ活用状況を理解することが第一歩だ。

ポイント02　データ分析の目的を決める

　データを有効活用できる状態を作るためには、データを何の目的に活用するのかを決めることが重要だ。特に、デジタルマーケティングの世界は扱うデータ量が多く、目的が定まっていないと成果に結びつかない分析に多くの時間を費やしてしまいがちだ。

　まずは関係部署や経営層に、どんなデータがあれば意思決定に役立つかを確認することから始めよう。

　目的によっては、複数のデータを統合する必要性が出て来るかもしれない。その場合は、ビッグクエリやSQLなどのデータを扱う基礎力が高い人を任命してプロジェクト化することも検討しよう。

ポイント03　完璧にデータをそろえて分析しようとしない

　データを整えるうえで注意したいのは、完璧を求めすぎないことだ。そして、大切なのは分析ではなく仮説と継続的なアクションである。特にマーケティング組織の立ち上げ初期フェーズでは仮説の検証回数が重要になる。

　すべてのデータを完璧にそろえてから分析しようとすると、かなりの時間が必要になる。まずは今あるデータから仮説立案を始めよう。

データの入力規則がバラバラになったり、そもそも現場がデータを入力しないといった課題にぶつかることは多いが、徐々に改善していく前提で、一定の差分は許容しながら進められることが望ましい。

実践者インタビュー

Profile

株式会社メンバーズ　執行役員兼メンバーズデータアドベンチャーカンパニー社長　白井恵里
東京大学を卒業後、メンバーズ入社。UX デザイン、Web 広告運用を担当したのち、子会社としてメンバーズデータアドベンチャーを立ち上げ。親会社のカンパニー制移行により現職。データアナリスト、データエンジニアの常駐により企業のデータ活用を支援し、顧客ビジネス成果に貢献するサービスを提供。Twitter @EriShirai

顧客データを整える際には、3つのポイントを押さえたい。
1つ目は、既存データから分析を始めること。
2つ目は、理想イメージを関係者とすり合わせをすること。
3つ目は、新たに取得や統合が必要なデータを見極めること。
データ分析のプロジェクトを動かす際の具体例をもとにお伝えする。

　1つ目の既存データから分析を始める理由は、分析を複雑にして行動できない状態を脱するためだ。今あるデータから仮説を出し、可能な施策は早めに実行していきたい。すべてのデータがそろっていないとアクションをとれない状態におちいってはいけない。KPIと求めるデータによっては、既存の情報や自部署の情報だけで施策を実行できることも多い。まずは、既存データを使って分析し、仮説を出すようにしたい。

　扱うデータ量が増え、ツールを横断してデータ接続することが可能になっているが、最初から「分析業務を煩雑にしない」ことが重要だ。まずはできることから始めて小さな成果を出すことで、関係者の協力も得やすくなる。

　2つ目のポイントは、理想イメージを関係者とすり合わせをすることだ。デー

タ整備のプロジェクトを動かす際は、大前提となる「分析したい指標」や「導き出したい仮説」を明確にすることから始めたい。スムーズなデータ活用を目的としたプロジェクトは、前提として「どのような分析をして、どんな変化を生み出したいか」イメージが明確になっている。

　現場で活用するイメージから逆算して、必要なデータを明確にし、そのうえで取得データの優先順位や期限を決めていくことが重要だ。

　3つ目のポイントは、現時点で足りていないデータを見極めて動く作業を行なうことだ。顧客データは複数の部署や、社外のベンダーがかかわってくることが多い。マーケターに求められるのは、交渉したり調整したりするソフトスキルである。データ分析を行なう際は、他部署やベンダーとの関係性構築が重要となる。

　他部署や協力会社から情報をもらう場合は、お土産（協力するメリット、対価の提示）を用意する、時間（ほかの人のボールになるので、早めに依頼）を配慮するようにする。

　このように、見えないところでいかに効果的に動くかが顧客データを有効活用してマーケティングの成果を出すために重要となる。

実践者の成功ポイント

・既存データを把握し、シンプルで最低限の分析・仮説出しから始める
・データ活用の理想イメージ、プロジェクトゴールを関係者と共有する
・他部署やベンダーとコミュニケーションをとり、関係構築を大切にする

重要指標を決める

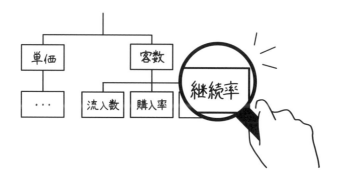

解 説

　マーケティング施策を実行するうえでも、施策を振り返り・改善していく意味でも、何を「指標」とすべきか、その「指標」をどのように取り扱うべきかは重要なテーマだ。

　間違った指標を追ってしまうと成果は出せないし、正しい指標を追えれば、組織の努力が正しく結実し、大きな成果につながる。

　その時どきに自分たちが出したい成果から逆算して、計測すべき指標、個人や組織として重点的に追うべき指標を決めていこう。

ポイント01　徹底して追うべき、1つか2つの指標を決める

　何かを計測しようとすると、いくつもの指標を細かく計測したくなってしまうのが人間の性（さが）だが、複数の目標は組織のエネルギーを分散してしまい、すべての活動が中途半端に終わってしまう恐れがある。

　個人、またはチームとして追う指標は1つか2つに絞り、一度にいくつもの指標を追わないように注意したい。達成した成果や活動の大きさにもよるが、四半期で追うべき指標は1つ程度、半年〜1年で追うべき指標も2つ程度が最適だろう。

　また、前提知識として指標は、結果の指標（KPI：Key Performance Indicator）と行動の指標（KAI：Key Action Indicator）に分類できることを知っておきたい。

　結果をもたらす「行動」指標を設定しておくとプロジェクトはスムーズに進みやすくなる。

　たとえば、オウンドメディアのKPIを月間PV10万として、KAIは1日1本の記事更新と置くイメージだ。

ポイント02　フェーズによって指標は変化させる

　追うべき重要指標は活動のフェーズによって変わる。一般的なセオリーとして、最初は量を重視し、徐々に質を重視した指標に移行していくことが望ましい。

　オウンドメディアの立ち上げであれば、最初は「量」の指標である更新本数やPV数を追い、徐々に「質」の指標であるリード獲得数や商談数、受注数、受注金額などに移行していく。マーケターは、フェーズに合わせて指標を見極める力を身につけよう。

ポイント03　評価指標や日々の業務とひもづける

　重要指標を決めたとしても、週に1回、月に1回、指標の推移を見るだけでは人や組織の行動は変わらず、達成はおぼつかないだろう。

　KPIやKAIを組織の評価制度に組み入れたり、会社における明確な業務として定義したりして、必ず実践されるための工夫もセットで考えたい。

　たとえば、筆者が経営する株式会社才流では、月1本のコンテンツ作成が従

業員のKAIになっている。全員に「コンテンツ作成」を明確な業務として定義し、毎週水曜日の午前中に全社員がZoomをつなぎながら黙々とコンテンツを作る時間を用意している。

実践者インタビュー

Profile

SO Technologies株式会社　執行役員CMO　長谷川智史
1979年生まれ。株式会社オプトを経て、2008年株式会社ビービットに入社。コンサルタントとして大手企業・Web系先端企業のWebマーケティング改善に従事。2012年ソウルドアウトに参画。成果改善部門や自社メディアLISKUL立ち上げを経て、2016年取締役CMOに就任。2021年4月より現職。

　重要指標を定めるときは、まずは施策を行なう目的を明確にすることが重要だ。SO Technologies株式会社で運営しているオウンドメディア「LISKUL」を例に解説する。

　「LISKUL」立ち上げの目的はコンテンツSEOを通したリードの獲得だ。ブランディングや顧客エンゲージメントの向上が目的ではなく、リード獲得を目的として運営していることを強調したい。しかし、リード獲得が目的のメディアだからといって、立ち上げ当初からリード獲得数を指標として置いたわけではない。

　最初に設定した指標は、メディアとして成長していくために必須である記事の公開数。次にPV数、そしてリード獲得数、受注数、そして受注単価というようにフェーズによって指標を変化させた。量や行動の指標から、本来の目的であるリード獲得数に対する結果や、質を問う指標に移行したのだ。

　最初の指標であった記事数から次の指標であるPV数へと移行するまでには約半年かかった。1営業日に1記事公開することを3カ月以上続け、PV数がある程度ついてきたあとに指標をPV数へと移行した。目標として設定したPV数を超えたあとは、メディアの立ち上げ目的であるリード獲得数に指標を変更し

たが、達成するまで12カ月程度かかっている。

　指標を変えるタイミングとしては、フェーズごとに設定した目標に到達したときや関連部門から声があがったときが妥当だろう。「LISKUL」の場合は、「リード数は増えているが、受注につながらない」「受注しているが、解約率が高い」といった声が営業部門からあがったタイミングで指標を変更した。

　最初の3〜6カ月でどのように結果を出していくかが施策成功のカギになる。かかわるメンバーのモチベーションや情熱を絶やさないためにも、結果の手応えを感じられる指標を重要指標として置くことの大切さを、マネジメント側は意識しておきたい。情熱だけでは数カ月間しか行動を継続できない。

実践者の成功ポイント

・施策を行なう目的を明確にして、重要指標を決める
・目的を見失うことなく、段階的に目標達成できる指標を設定する
・初期の指標は成果がコントロール可能なところに置く

ダッシュボードを作成する

解 説

　ダッシュボードを活用すると、グラフや表などの形式で経営やマーケティングに関する指標を一覧表示できる。

　リアルタイムに更新され、表示形式をカスタマイズできるため、レポート作成の手間が省かれ、意思決定を迅速にすることに役立つ。

　ダッシュボード作成ツールが増え、誰でも簡単に作成できる環境になってきているため、ポイントを理解して有効活用していこう。

ポイント01　意思決定につながるダッシュボードを作る

　ダッシュボードを作成する前に、どの会議で閲覧し、何の意思決定をするために活用するかを決めよう。ダッシュボードの活用例を2つ紹介する。

　1つ目は「経営ダッシュボード」だ。経営判断に必要なデータをわかりやすく集約し、経営層の投資意思決定を迅速にするために活用する。

2つ目は「特定チャネルダッシュボード」だ。

インターネット広告データやGoogle Analyticsデータなど、特定チャネルの成果を見える化したダッシュボードを作成し、チャネルの最適化を図るために活用する。

ダッシュボードを作成しているが有効活用ができていないときは、そもそも重要指標が定まっていないことが多い。

「06-02　重要指標を決める」を参考にし、見るべき指標を定めたうえでダッシュボードを作成しよう。

ポイント02　作成の基本プロセスを把握する

ダッシュボード作成は下記3つのプロセスから成り立つ。

1つ目は、「データのインポート」だ。社内で蓄積されているデータをインポートする。そもそもデータがそろっていない場合はデータ整備が必要となる。自社が保有しているデータの全体像を把握しておこう。

2つ目は、「レイアウト設計」だ。インポートしたデータを使って表示データを選び、どこに何を表示させるのかレイアウトを設計する。このタイミングで関係部署とイメージのすり合わせをしておくと、スムーズに活用することができる。ダッシュボードの活用者と調整・修正を繰り返しながら完成させよう。

3つ目は、「グラフ作成」だ。データを表示させる形式を選び、実際にダッシュボードを作成する。棒グラフ、円グラフなどグラフの種類は、活用者が何を読み解きたいかをヒアリングしながら決めることを推奨する。

まずは、基本プロセスを理解し、レポーティングやデータ分析の効率性を高めていこう。

ポイント03　データを扱う専任担当を置く

取り扱うデータ量や領域が増えると、ダッシュボードを作成するうえで、複数レイヤーのデータ接続が必要となる。

簡易的なダッシュボード作成は誰でもできるが、複数レイヤーのデータを統

合するプロジェクトが増えてくると、データの取り扱いに詳しい専任担当を置くことを推奨する。マーケターは、データにかかわるすべての領域を自分自身で担う必要はない。自社の扱うデータ量や、求められる意思決定レベルに合わせて最適な体制を考えよう。

実践者インタビュー

Profile

株式会社メンバーズ　執行役員兼メンバーズデータアドベンチャーカンパニー社長　白井恵里
東京大学を卒業後、メンバーズ入社。UXデザイン、Web広告運用を担当したあと、子会社としてメンバーズデータアドベンチャーを立ち上げ。親会社のカンパニー制移行により現職。データアナリスト、データエンジニアの常駐により企業のデータ活用を支援し、顧客ビジネス成果に貢献するサービスを提供。Twitter @EriShirai

　ダッシュボードを有効活用できる組織には特徴がある。共通しているのは「すでに確かめたいデータがある」ことである。分析して仮説を出す目的が明確であるため、ダッシュボードを有効活用して仮説検証を回すことに集中できる。
　また、初めは自分が行動をコントロールできる業務範囲内でダッシュボードを作成すると有効活用しやすい。
　たとえば、SNS運用の成果責任を担っているマーケターであれば、SNS運用の最適化アクションを見いだせるダッシュボードを作れば、日々のPDCAに活用できる。具体的には、「SNS運用のパフォーマンスを理解できる」「データを根拠に関係者間の合意をとれる」「仮説検証を回せる」などを押さえるイメージだ。既存業務の流れに組み込む形で活用できると、導入後の運用も回りやすく、改善もしやすい。ダッシュボードで見る指標は、業務とセットで考えよう。
　ダッシュボード作成のプロジェクトをスムーズに進行するためのポイントをお伝えする。
　最初に議論したいことは、「何の数字を見えるようにしたいのか」「現状のマー

ケティング活動で何が課題なのか」を議論する時間を確保することだ。目的や課題が不明確では、作成するダッシュボードをマーケティング活動に活かすことはできない。

　次に、データ活用の基本スキルを持っている人をプロジェクトにアサインすることだ。基本スキルは自分自身で身につける選択肢もある。

　たとえば、ダッシュボードにデータを連携させるときに使えると便利なGoogle BigQuery、SQLなどは2週間〜1カ月程で習得できるため、データ活用を強みに変えたいマーケターは、1カ月ほど集中して学んでおくとキャリア、組織視点ともにコスパが高い。

　最後に、ダッシュボード作成は重要であるが、データがないと意思決定できない状態にしないことも成果を出すことを目的とするなら大切だ。極端な例ではあるが「勘と経験」で成果が出るのであればそれでも問題ないと捉えている。

　ダッシュボード活用は、あくまで意思決定するための手段であり、定性データなど数値データ以外から意思決定をするべきときもあることを忘れてはいけない。

実践者の成功ポイント

- 自分の担当範囲内で行動につながるダッシュボードを作成する
- データ活用の基本スキルを身につける、もしくは専任担当をプロジェクトにアサインする
- データがないと意思決定できない状態にはしない

顧客の行動データを把握する

解　説

　マーケティング活動の効果測定・分析の際に、リード獲得数、商談数、受注数などの結果指標だけを見ていては、新しい発見は得られづらい。

　今後のマーケティング戦略・施策の立案に資する発見をするためにも、顧客がどのように動いているのかを定量・定性で把握することが重要だ。

　特に昨今は、オンライン・オフラインを問わず、顧客とのタッチポイントにおいてデジタルデータを取得することが以前よりも容易になっている。

　顧客の実際の行動を把握し、最適なタイミングで最適な提案ができるようにしていこう。

ポイント01　データ蓄積は早すぎることはない

　まず意識したいのは顧客の行動データの取得に早すぎることはない、ということだ。早ければ早いほど、それだけデータは溜まり、意思決定に使えるデータが増える。

　筆者（栗原）が以前かかわったプロジェクトでも、クライアント社内のSFAにかなりしっかりした商談履歴が残っていたため、マーケティング戦略を立案する際に大いに参考になった。仮にSFAに情報が残っていなければ、マーケティング戦略の立案は困難を極めていただろう。

　顧客の行動データを取得・蓄積できるツールとしては、MAやSFA、CRMなどが代表的だ。自社サービスの立ち上げ直後であれば、顧客数もそれほど多くないため、それらのツールの利用金額も高額にはなりづらい。自社の事業に合わせて、なるべく早いタイミングで「データ蓄積」の方法を検討しよう。

ポイント02　定量データが取得できない部分は定性データで補う

　ソフトウェアサービスであれば、"product usage"と呼ばれる、顧客のサービス利用状態（状況）がデータとして蓄積されるが、コンサルティングや受託開発などの人的サービスの場合は顧客の行動がデータとして蓄積されない。

　また、ソフトウェアサービスであっても、"product usage"以外のどのような文脈でサービスが使われているのか、顧客がサービスに対してどのような印象を持っているのかまでは把握できない。

　つまり、"product usage"を見ているだけでは、取得できていない顧客の動きが大量にある、ということだ。その場合、マーケターは営業やカスタマーサポート部門にヒアリングしたり、顧客のところに実際に出向いたりして行動観察やインタビューを行なおう。

　特に、BtoBの場合は複数役職、複数名が購買行動やサービス利用に関与する。定性調査を行ない、顧客社内の購買プロセスやサービス利用プロセスがどうなっているのかを把握できていると、戦略設計の精度が圧倒的に高くなる。

ポイント03　データをもとに顧客体験を改善する

　定量・定性で顧客の行動を見ていくと、顧客の体験をより良くする方法が見えてくる。データをもとに、どうすればもっと自社サービスの価値を体験してもらえるのか、どうすればサービス体験上のボトルネックを潰せるのか、議論しよう。

　より良い体験が得られるサービスには顧客が集まり、より多くのデータが蓄積される。そのデータに基づき、さらに良い体験を提案しやすくなる──というスパイラルを作れるように、顧客体験を改善していこう。

実践者インタビュー

Profile

株式会社イルグルム　執行役員 CMO　吉本啓顕
2009年、株式会社イルグルムに新卒入社。主力製品のエンジニア、プロジェクトマネージャー、営業を経て、マーケティング部の立ち上げ責任者に就任。アドエビスのデジタル戦略を統括し、事業の成長に貢献。現在はアドエビス事業の統括として、製品企画とマーケティング部門を牽引。2019年10月、執行役員に就任。

　大きく2つの観点でお客さまの動きを把握している。1つは当社が提供するツール「アドエビス」の利用状況で、どの機能がどれぐらい、どのユーザーに使われているかを月次でレポートしている。もう1つは「アドエビス」がマーケター向けの広告効果測定ツールであることから、お客さまがどのようなマーケティングデータを計測しているか、定点観測している。

　お客さまの動きを把握するうえでは、自社のコアバリューにつながる機能の利用状況を見ることを重視している。

　過去には、ヘルススコア（顧客がサービスを継続利用してくれるかどうかの指標）で一般的に使われるログイン回数やログイン頻度などを取得していた時期もあったが、顧客理解に活かすことはできなかった。サービスが継続利用されるかは、

ツールや顧客の特性によって変わるため、一般的な指標を計測しても意味のある洞察は得にくい。

　それよりも、製品戦略上、重要である機能の利用・活用状況に絞って計測した方が正しい活動につながる。

「アドエビス」の場合はアップルのSafariブラウザに搭載されたトラッキング防止（ITP：Intelligent Tracking Prevention）への対策ができる機能、レポートのデータ出力機能、新しくリリースした機能の3つの利用状況を重点的に見ている。

　3つの重要な指標に関しては、機能を使っているお客さま、使っていないお客さま、そして使っていないお客さまはなぜ使っていないのか、まで把握するようにしている。CMOの自分自身だけでなく、代表の岩田がいまだにお客さまを訪問して実際の声を聞いているほど、重視している活動だ。

　最近では、お客さまの動きを計測した結果、EC業界やBtoB企業でプロモーション施策・広告出稿が活発に行なわれていることがわかった。それらの業界のお客さまに価値を届けるべく、EC業界やBtoB企業向けにプロモーション活動を強化している。

実践者の成功ポイント

・自社のコアバリューにつながる指標を計測する
・コアバリューにつながる指標に関しては、顧客の声を拾いに行く
・活発に利用している顧客層に対して、プロモーション活動を強化する

memo

第 7 章

組 織

会議体を見直す

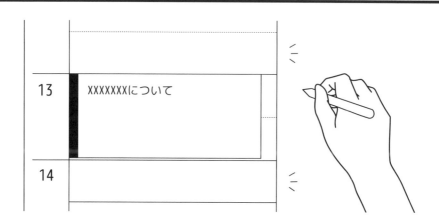

解 説

　最適な意思決定をするために会議体を設計することはマーケターの重要な役割である。

　すでに行なわれている会議目的を理解して、自分だったらどのように生産性を高めることができるかを考えてみよう。

　広告やアクセス解析の数字報告だけであれば、会議を開催しなくてもダッシュボード共有とチャットコミュニケーションで済むケースも多い。「06-03 ダッシュボードを作成する」とあわせて、効率よく情報共有と意思決定ができる仕組みを作ろう。

ポイント01　組織の意思決定スピードを意識する

　会議を有効活用するためには、「意思決定スピード」を意識してみよう。情報を効率良く共有し、意思決定することを意識すると、現在開催している会議は有効なのかを判断しやすくなる。参考例として、Googleが行なっている意思決定のスピードを速める6つの会議ルールを紹介する。

①会議には「意思決定者」を指名
②会議の参加人数は10人以下
③会議参加者は全員が必ず発言
④意思決定を会議まで待たなくてもいい
⑤5分、10分の「短い会議」を開催
⑥データに基づいて議論

　効率的に意思決定することが優先されたルールとなっている。会議を開催しなくても意思決定できるのであれば、無理に開催する必要はない。Googleのルールを参考に、現在行なわれている会議を整理し、意思決定に貢献していない曖昧な会議は見直しをしよう。

ポイント02　事前準備や社内調整を行なう

　会議も商談と同じで事前準備が重要だ。アジェンダと資料の事前展開だけでも会議効率は上がる。事前に参加者の知識レベルや、目的の共通認識をとるためのコミュニケーションを怠らないようにしよう。特に、重要な投資を決める会議であれば意思決定者との事前コミュニケーションは大切となる。マーケターは社内調整も担うべき役割であると認識し、組織内コミュニケーションを丁寧に行なおう。

ポイント03　会議後の情報共有にこだわる

　会議後のコミュニケーションも重要となる。
　たとえば、

・会議で決まった重要アクションや論点はチャットに要約して共有する
・参加をしていないメンバーにもチャットで意見やアイデアを募る
・意思決定やプロジェクト支援をしてもらう人には個別に連絡をする

などのアクションをとれると、会議目的は達成しやすくなる。

　会議形式にこだわるのではなく、組織全体の情報共有の質を高め、より良い意思決定に導くことを意識することが重要だ。

実践者インタビュー

Profile

株式会社ベーシック　新規事業開発担当　甲斐雅之
千葉県出身。企業のソーシャルメディア運用支援、スタートアップのメディア運営業務に学生時代から取り組み、マーケティング担当者向けのメディア「ferret」のメディア運用担当を経たのち、株式会社ベーシックに新卒で入社。フォーム作成管理サービス「formrun（フォームラン）」のプロダクトオーナー、株式会社ベーシックの採用広報戦略担当を経たのち、現在は新規事業開発部にて新サービスの立ち上げに従事。個人としては、2019年12月に出版された『アスリートのためのソーシャルメディア活用術』（マイナビ出版）の編集に携わり、現在はNPO法人izmの理事を務める。
Twitter：@Kai_MSYK

　会議は準備がすべてである。事前にファシリテーターが会議の目的を整理し、参加者を適切にアサインすることにより、設定時間内で、しかるべき議論ができる。「会議は準備が8割」とよくいわれるが、まさにその通りだと思っている。
　たとえば、意思決定が必要な事項により、参加メンバーはおのずと変わるはずである。事業の中長期的な方針等を決める場合は、自分が現場寄りの立場であれば、適切に意思決定レイヤーを招集して会議は設計されるべきである。一方、日々のTodo事項を整理するレベルの会議であれば、現場レイヤーで要点

を確認するだけで問題ない。また、重要な論点が存在しない場合は、テキストベースで共有する形でも十分である。

　会議がうまく進まなかったり、プロジェクトが円滑に回らなかったりする原因は、会議における意思決定者のあいまいさ、もしくは存在していないことにある。参加者の役職や職務権限を意識した会議体の設計が重要と捉えており、ファシリテーターは適切なメンバーを招待し、各人の会議における役割を整理しておくことで、個々人が「なぜ会議に出席しているのか」を都度考えられる組織作りが大切だ。

　また、会議を円滑に進めるためには、普段から情報の非対称性を作らないよう意識してきた。情報の透明化を大切にしており、実際の業務におけるやりとりは、基本的にオープンチャットで行なうよう徹底している。

　たとえばインターン生の出勤連絡1つとっても、特段の事情がない限りはオープンチャットでやりとりを行なう。また、所属する事業のKPIや数値管理のダッシュボードも、業務委託契約で携わっているメンバーに対しても公開している。

　コミュニケーションの透明性を担保することで、情報の非対称性から生じるリスクを解消できるようになる。メンバーが認識している情報量の差が大きいと、会議でも質の高い議論は発生しにくくなる。そうした懸念を抱いた際には、普段から情報の透明性を担保し、それでも情報が伝わってない場合には事前に対象者を絞って講習を行なったり、事前確認資料を渡したりするなどの工夫が求められるであろう。

実践者の成功ポイント

- ・会議は事前準備が最も大切
- ・会議に招集された人全員が「会議の目的」と「自分が参加する理由」を明確にしたうえで会議に臨む
- ・情報の非対称性を解消するため、会議外でのコミュニケーションの透明性を担保し、必要に応じて事前の講習や資料共有の機会を設けるようにする

関連部門と
コミュニケーションをとる

解 説

　マーケターにとって他部門との連携や上司や意思決定者との調整など、いわゆる「社内調整」「社内コミュニケーション」は欠かすことができない重要な業務だ。

　出したい成果が大きければ大きいほど、扱う予算の金額が大きければ大きいほど、社内外の多くの人たちと関係を構築し、多くの人たちを動かしながら仕事を進める必要がある。

　BtoB企業のマーケターであれ、BtoC企業のマーケターであれ、開発、営業、カスタマーサポートなど他部門や外部パートナーとの連携は必須だ。
・描いた戦略や施策自体は正しいが、社内の他メンバーの納得を得られない
・リード数やCV数は増加したが、営業部門と連携がとれておらず、リードをフォローしてもらえず、売上につながらない
などの状況は実は少なくない。マーケターは、マーケティングの知識や経験を蓄積するだけでなく、ビジネスパーソンとしての基本的なスキル（関連部門とのコミュニケーションや信頼関係の構築）向上にも意識して取り組もう。

ポイント01　物理的な距離を縮める

　コロナ禍によるリモートワークの浸透で難しい部分も出てきたが、人と人の
コミュニケーションにおいて物理的な距離の近さは大きな影響を持つ。重要な
関連部門の動向や関心事を理解することは、良質なコミュニケーションをとる
ために欠かせない。

　ある敏腕マーケターはマーケティング部門のオフィスの席を営業部門と同じ
島にしてもらっていた。営業部門が使っている営業トークを横で聞け、それに
対する顧客の反応がリアルタイムでわかるメリットがあるだけでなく、すぐに
会話ができるため関係性も築きやすかったようだ。

ポイント02　接触回数を増やす

　同じ人やモノに接する回数が増えれば増えるほど、その人やモノに対して好
印象を持つようになる心理現象があり、「ザイオンス効果」と呼ばれている。

　関連部門とのコミュニケーションを活性化するために関連部門との接触回数
を増やすことは、シンプルだが有効な一手だ。たとえば、定例会議を設定する、
プロジェクトキックオフの食事会を開催する、ランチで情報交換する、チャッ
ト上でのマメな情報共有を行なう、などは接触回数を増やすためにすぐにでき
るアクションだ。

ポイント03　小さな成果で信頼を得る

　同じ目標を達成するために集まっているメンバーとはいえ、関連部門との信
頼関係をこれから作るケースもあるだろう。その際にポイント01やポイント
02のコミュニケーション手法上の工夫も有効だが、マーケターが自身の業務
においてわかりやすい成果を出し、信頼を勝ち取る方法もある。

　サイトの訪問数が増えた、CV率が上がった、メールの開封率が上がったなど、
小さい変化でも良い。「スモールスタート、スモールウィン」の心がまえを持
ち、なるべく早い段階で小さな成果を生み出そう。特に新人マーケターのうち
は、いきなり大きな構想に巻き込もうとすると難易度が高い。まずは小さな変
化でも良いので実績となる成果を生み、それを足がかりに関連部門とコミュニ

ケーションを深めていこう。

実践者インタビュー

Profile

株式会社ベーシック　新規事業開発担当　甲斐雅之

千葉県出身。企業のソーシャルメディア運用支援、スタートアップのメディア運営業務に学生時代から取り組み、マーケティング担当者向けのメディア「ferret」のメディア運用担当を経たのち、株式会社ベーシックに新卒で入社。フォーム作成管理サービス「formrun（フォームラン）」のプロダクトオーナー、株式会社ベーシックの採用広報戦略担当を経たのち、現在は新規事業開発部にて新サービスの立ち上げに従事。個人としては、2019年12月に出版された『アスリートのためのソーシャルメディア活用術』（マイナビ出版）の編集に携わり、現在はNPO法人izmの理事を務める。Twitter：@Kai_MSYK

事業を推進するには関係者を巻き込む必要がある。自分たちの事業部にとどまらず、ほかの部門のマーケターや別職種のメンバーから協力を得て、目標達成を目指す場面は非常に多い。しかし、チームの枠を超えた連携は非常に難儀な部分もある。

所属企業・グループが保有しているデータの活用が求められるマーケターにとっては、ほかのサービスに携わるマーケターや、エンジニアやデザイナーとの連携が求められる。その際に、ほかのサービスを取り扱うマーケターの行動指針や、エンジニアやデザイナーの専門用語を最低限理解する必要があり、各人の事業推進方法が異なるという前提に立ち、コミュニケーションをとることが大切だ。

マーケターは事業成長のために解決したい課題や考えられる戦略仮説を伝え、専門性が高いメンバーに動いてもらう必要がある。ビジネスサイドの考えを理解してもらえるようになると、専門知識を持ったエンジニアやデザイナーは適切な解決手段や方法を提示しやすくなる。

上述した課題や仮説を理解してもらう際、職種ごとに認識の齟齬が生じると、ビジネスサイドの意図とは異なる機能が開発されてしまったり、根本的な課題が未解決となっていることから、ユーザーが使いにくいサービスが仕上がったりするリスクも高まってしまう。

　また、部署の垣根を越えて、自分たちの事業部とは別のミッションを担っているチームと連携をして事業を推進する場合もある。その際に欠かせないことは、協力を得る各チームの事情を理解し、事前のすり合わせやリソースの調整に取り組むことである。自分たちとは別のチームが担っているサービスの世界観や目指しているミッションを把握し、互いにWin-Winな状態を目指す、もしくは全社として取り組むべき優先事項を整理し、実務が遂行されるための環境を整えることが欠かせない。

　実際にベーシックが成長させてきたサービスの例としては、Webマーケティングの専門メディア「ferret（フェッレット）」との連携が挙げられる。私自身が以前にferretの事業部に所属していたこともあり、チームの実情や目的を把握できていたことでスムーズに連携がとれ、担当事業の成長に大きな影響を与えることになった。

　ほかの事業部や別職種のメンバーとWin-Winな関係を築くことで、担当している事業の成長を早めることができる。そのためにも、協力を得るメンバーのミッションやリソースを徹底的に理解し、互いの状況を理解したうえで連携を取ることが大切である。

実践者の成功ポイント

- ・事業部や職種が異なるメンバーから協力を得たい場合は、各人の課題解決のアプローチが異なる前提でコミュニケーションを行なう
- ・マーケターをはじめとするビジネスサイドのメンバーは、解決したい課題や事業成長に必要な戦略仮説を伝える場を設ける
- ・事業部を横断して積極的な連携を図る場合は、組織のミッションやリソースを徹底的に理解し、互いにWin-Winな関係を築く、もしくは全社として取り組むべき事項の優先事項を整理し、実務が遂行されるための環境構築を怠らない

意思決定者と
共通認識をとる

解 説

　現場で良い戦略や打ち手のアイデアを考えても、意思決定者と合意がとれないと実行はできない。

　たとえば、新しい顧客セグメントを開拓する際に広告投資が必要になったとしよう。

　このときに、経営層がマーケティング戦略そのものを理解していれば、担当者の報告を受けて素早く意思決定ができる。一方で、経営層にマーケティングの理解がなく、ゼロからの説明が必要となると、社内調整をしている間に市場環境が変わり機会損失を招いてしまう。

　このような状態にならないよう、日常業務の中で、意思決定者と共通認識をとるための工夫をしよう。

ポイント01　経営会議用のレポートを作成する

経営層が参加する会議で、マーケティング成果を共有できている状態を作ろう。すぐに実施できることは、

・経営層が参加する会議用の報告レポートを作成する
・経営層向けのサマリーレポートを月次で作成する

などだ。

数字レポートでは、マーケティング指標と経営指標を連動させて伝えることが重要となる。たとえば、CAC（顧客獲得コスト）やLTV（顧客生涯価値）の変化が、全社の売上や利益目標達成にどのようにかかわっているのかをわかりやすく伝える。経営層から積極的な支援を得るために、経営にとってマーケティング活動がどれだけ大切かを日々の仕事の中で示していこう。

ポイント02　日常の中で経営層とコミュニケーションをとる

会議の場だけではなく、プロセスを共有することで重要な意思決定もうながしやすくなる。

多くの時間をかけて作った企画書も、意思決定者に意図が伝わっていないとムダになってしまう。意思決定者がマーケティング関連プロジェクトのチャットグループに加わっている状態を作ることは有効だ。

日頃から、マーケティング活動の小さなトピックも共有しておくと、大きな意思決定が必要な際にもスムーズに動くことができる。日常のユーザーリサーチや、マーケティング施策のPDCAを回す中での発見は、小さなことでも経営層に共有をしよう。

ポイント03　数字だけではなく顧客の動きも共有する

経営層とマーケターのコミュニケーションが広告経由の顧客獲得数やSEO順位など、数字結果だけになってしまうことは危険だ。経営層の認識がマーケティング＝広告・集客となってしまい打ち手の幅が狭まってしまっているケー

スをよく見かける。

　マーケターの役割として、

・ユーザーリサーチをもとにした顧客ニーズ要約レポートを共有する
・NPSのような顧客満足度調査に関する結果と分析を報告する

など新たな発見や伝説の共有ができると、経営層と戦略に関する議論がしやすくなる。

　また、経営層は、頻繁に現場へ出る時間はなく、顧客の最新動向はすべてを理解することが難しい。そのため、経営層に顧客ニーズの変化を伝えることはマーケターの重要な役割である。

実践者インタビュー

　ここでは、筆者・黒澤の例を紹介する。

　マーケティングのプロジェクトには、意思決定者、つまり社長や経営層がかかわることが重要だ。

　社内にマーケティングを根づかせるために最初に取り組んだことを紹介したい。

　最初に行なったことは、会議で議論する内容の見直しだ。

　具体的には、経営会議が予算や組織課題の議論だけで終わっていたため、内向きの内容だけではなく、顧客価値や市場の中でのポジションに関する議論も行なわれるようアジェンダを変更した。

　次に、マーケティング指標や顧客の声が自動的に経営層に報告され、経営層とマーケティング担当とのコミュニケーションが生まれる仕組みはSFAを導入し整えた。

　顧客が自社を選んだ理由、満足度や解約理由などは、現場だけで情報が閉じないように組織全体で共有する仕組みを作ることが大切だと考えている。

　また、マーケティングの成功体験を共有することも大切にしている。これは、社内全体の意識を変えるための取り組みだ。

　具体的には、マーケティング施策が成功した場合は、プロセスをまとめて社内に発信するよう心がけている。

　もともと営業からのリード獲得が主流であったため、経営層だけではなく社

内全体にマーケティングの必要性、有効性を伝える必要があった。そのため、マーケティング組織の取り組みを最低月1回は社内広報で発信してきた。

「ウェビナー集客とリード獲得数が増えた」といった小さな成功体験も、わかりやすく社内に共有し、マーケティングの有効性を伝えつづける。そうした成果の共有の積み重ねで、徐々に予算や人員も増やすことにつなげることができる。

実践者の成功ポイント

・経営会議でマーケティング指標や顧客の声が議論されるようにする
・顧客に選ばれている理由や、満足度・解約理由は日々経営層に報告がいくようにする
・成功体験は、具体的に社内に共有しマーケティングの重要性を啓蒙する

専任担当者を
アサインする

MARKETING TEAM

解 説

　マーケティング組織の立ち上げ時に、とりあえず兼任担当を置いてプロジェクトを開始してしまうケースを多く見かける。

　しかし残念ながら、兼任担当では失敗するケースが多い。マーケティングに本気で取り組もうとしたときに、片手間では対応できる範囲は限られる。

　たとえば、デジタルマーケティングの広告領域だけでも複数の媒体やチャネルが存在し、対応範囲は日に日に広がっている。成果を出すためには時間と知識が必要だ。

　もちろん、代理店やコンサル会社に依頼する選択肢はあるが、事業を深く理解してもらえるパートナーを探すことは難しい。まず、自社内にマーケティングの専任担当を置くことを検討しよう。

ポイント01　マーケティング組織の役割を経営層に伝える

　専任のマーケティング担当を置けない理由は、マーケティング組織に求める役割が不明確であるケースが多い。まずは経営戦略におけるマーケティングの役割を明確化しよう。

　専属の担当を置くかどうかの意思決定をする経営者や人事担当が、どうすれば納得するかを考えてみよう。経営者や人事担当が最も気にするのは、マーケティングに力を入れることで、売上や利益にどれだけつながるかだ。売上や利益貢献との関係性を言語化して経営層に伝えることから始めよう。

　マーケティング組織立ち上げ時のチェックポイントとして、次の問いに自信を持って答えられる状態を作ろう。

・自社にとってマーケティング強化とは何をやることか？
・マーケティング組織が担うミッションと目標は何か？
・最終的にどれぐらいの売上・利益貢献ができるのか？

ポイント02　社内マーケターの人物像を明確化

　マーケティング組織の役割が明確になったら、次は専任担当の人物像を考えていこう。

　マーケティング担当者の人物像は下記3つの点を言葉にすると良い。

・どんな経験をしてきた人か？
・どんなスキルを持っている人か？
・具体的に担う役割は何か？

　他社がマーケティング職をどのような求人内容で募集しているかをチェックしてみることは効果的だ。どんな経験、スキル、役割を担う人を募集しているのか調査してみよう。社内からマーケティング職を募集する場合でも、一度求人票を作成してみると、マーケターの人物像が明確になる。

ポイント03　最初に経営全体を見渡せる人を

　マーケティング組織の立ち上げ時、最初から広告の最適化やSEOなど限られた領域に役割を狭めないことが大切だ。事業フェーズや市場環境の変化によって、打つべき施策は変わる。そのときに、限られた役割とスキルセットしか持たない人、組織であると柔軟な対応ができない。初期のマーケターは、事業、顧客のことを理解し、経営全体を俯瞰的に見渡せる人が望ましい。専任担当の人物像によって、今後、経営戦略とマーケティングを連動させられるかどうかが決まる。

　自分がマーケティング組織を立ち上げる場合は、特定のチャネル最適化より先に、顧客や事業理解を優先的に進めていこう。また、マーケティング部門は、他部門と密にコミュニケーションをとり、ときには経営層と議論をするため、プレゼンテーションやファシリテーションなどのソフト面のスキルを磨くことも大切にしたい。

実践者インタビュー

Profile

株式会社SmartHR　執行役員／VP of Marketing　岡本剛典
2009年にGMOクリック証券株式会社入社。プロダクトマーケティング担当後、マーケティング責任者に着任。デジタルからマスマーケティングを統合したマーケティング・ブランディング戦略の策定、実行を担う。2018年10月、マーケティング責任者としてSmartHRに参画。これまでに約100億円を投下し、幅広のマーケティング・ブランディング戦略を行ない事業成長に貢献。

　事業を成長させるためにマーケティングは非常に重要な要素である。特にプロダクトがある程度完成し、認知が広がれば購入してもらえる可能性が高まっている、スケールフェーズではマーケティングの効果は大きい。このタイミングではマーケティングの専任者を置くべきだろう。組織のフェーズによっては

専任を置きにくい状況が予想されるが、経営層が専任者を置く重要性を理解し、トップダウンで意思決定をする必要が一定数あるだろう。

　マーケティングは顧客と1対Nのコミュニケーションを行なう仕事である。事業のスケールが大きくなればなるほど、対象とする人数が多くなる。また、時にライティングやクリエイティブの作成をしたり、大きな予算をかけて中長期的に効果が表われる施策を実行したり、非常に専門性の高い仕事である。

　そのため、ほかの仕事とマーケティングの兼務ではマーケティングに割けるリソースが中途半端になってしまい、アクセルが踏み切れなくなり、時間と予算をかけた割に想定ほどの事業成長が得られなくなってしまう。

　SmartHRはマーケティングを業務ごとに7つのユニットに分け、専任で担当できる組織設計になっている。セールスとマーケティングといった兼務をしないのはもちろん、リードの獲得など比較的短期で指標を追う業務とブランド構築など中長期的に進める業務を分けて行なっている。マーケティング業務でも数値をベースにした仕事とクリエイティブな思考が求められる仕事と大きく2つに分けられる。右脳と左脳のバランスが求められる仕事であるため、現在は専門性を重視し、細かく組織を分化させている。

　しかし、組織の状況や外部環境の変化に応じてPDCAを回しながら、組織の分化と統合を行なっていく必要がある。メンバーの表情や業務の状況を確認しながら適切に組織設計を考えることが大切だ。

　また、専任としてアサインするマーケターは打ち手が決まっていない状態で、目的に応じた手段を提案できるスキルや経験のある人、たとえば事業立ち上げ経験がある人が望ましい。

実践者の成功ポイント

・経営層が専任者を置く重要性を理解し意思決定をする
・業務内容に応じて分化させ適切なメンバーをアサインする
・PDCAを回して状況に応じた組織設計を行なう

チームの指針を決める

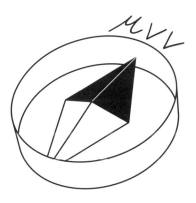

解説

「指針を決める」とは、マーケティングチームとして仕事に取り組む姿勢や価値観を言語化して共有することである。全員が同じモノサシを持ち価値判断・行動できる状態を作ることが目的だ。

　具体的には、MVV（ミッション・ビジョン・バリュー）や行動指針と呼ばれるものの策定がそれにあたる。

　たとえば、マーケティングの打ち手を決める際に、A案かB案か迷うケースは多いだろう。このときに、チームで共通して立ち戻る指針があれば、意思決定に迷いがなくなりPDCAサイクルを回すスピードも上げやすくなる。

　定量的な目標数字を掲げるだけで終わらず、チームが持続的に目標達成し、成長しつづけるために自分たちの存在意義や行動指針を作ろう。

ポイント01　指針を言葉にする

　指針となる言葉が組織やチーム内になければ作ろう。会社全体の指針作りにマーケターがかかわることはハードルが高いため、チームや部門単位の指針を決めることから始めてみると取り組みやすい。

　指針を言葉にする際に重要なのは「使いたくなる言葉」を作ることだ。良い指針は日常の仕事で使われ、意思決定や行動の基準となる。言語化するうえで下記の要素を押さえたい。

・シンプルで覚えやすい言葉を作る
・判断に迷ったときに立ち戻る言葉を作る

　上記の要素を意識しながら、自分たちにとって「どのような行動が望ましいのか」「どういった姿であるべきなのか」を言葉にしてみよう。1人で考えるのではなく、チームメンバーを巻き込んで、まとまった時間をとり対話する場をセットすることは効果的だ。

ポイント02　指針を根づかせる

　言葉を作ったあとは、どのように組織やチームに浸透させるのかを考えよう。言葉を掲げるだけで、日々の仕事で使われていなければまったく意味がない。指針を浸透させるためのポイントは下記の通りだ。

・定例ミーティングの場で繰り返し伝える
・指針と推奨する行動をセットで伝える
・評価に組み込む

　たとえば、「判断に迷ったら顧客の声に立ち戻る」を指針として掲げたとしよう。月1回はユーザーインタビューを実施し、そこでの発見を共有することを評価に組み込むといったイメージだ。

　また、指針を浸透させるためにはリーダーの行動が重要となる。リーダーの意思決定や行動が指針にひもづいているかをメンバーは見ている。リーダーの

立ち位置となるマーケターは、自分自身の振る舞いが、掲げている指針と合致しているかを確認しよう。

ポイント03　新メンバーや業務委託メンバーにも指針を伝える

　新たにジョインしたメンバーには、業務内容ではなく指針から伝えよう。オンボーディングプログラムに指針共有のコンテンツを組み込むことが望ましい。

　また、社内メンバーだけではなく、業務委託や副業でかかわる人にも、指針を伝えて、同じ価値観や目指す方向性をともにして動ける状態を作りたい。

　特に、広告運用やコンテンツ制作などの業務は、意味が抜け落ちると決まった作業だけをこなすだけの状態になってしまいやすい。何のための業務なのかを示し、一体感を持って成果を出せるチーム作りを心がけよう。

実践者インタビュー

Profile

株式会社ホットリンク　マーケティング本部 マーケティング部 部長 兼 ホットリンク総研所長　室谷良平
2019年にソーシャルメディアマーケティング支援会社のホットリンクに入社。各業界向けのSNS活用のメソッド開発や、企業のSNSコンサルティングに従事。大手企業のセミナー講師としても活動。著書に『1億人のSNSマーケティング』がある。

　ミッション・ビジョンは組織の方向性を定めるために有効である。ビジョンが定まると組織の到達点が明確になり、ミッションが明快になると今の手段に固執しにくくなったり、自発的にPDCAが回ったりするようになる。マーケティング組織のミッション・ビジョンとしては、会社の中におけるマーケティング部門の存在意義を反映したものにすると良いだろう。策定したあとの浸透施策も大切だが、そもそもとしてメンバー自身も共感でき、心が熱くなるミッション・ビジョンを作ることが大切だ。

策定したミッション・ビジョンが組織で浸透するためには2つのポイントがある。

　1つ目はワーディングだ。想起してもらいやすい、印象に残るフレーズを盛り込むこともポイントだ。私が作成した「ビール3杯理論」などがその例である（参考：酔った状態でも使えるのが良いUI、それが「ビール3杯理論」 https://oshamambe.jp/archives/28）。

　また、抽象的すぎてはメンバー自身で具体的なアクションに落とし込めない。具体的すぎても特定の要素だけに焦点があたってしまう。バランスのとれた適切な粒度で設定することも大切だ。

　2つ目はミッション・ビジョンに触れる機会を意図的に増やすことだ。

　ミッション・ビジョンは１度だけ伝えるだけではメンバーの記憶には残らない。浸透させるためには想起する回数を増やす仕組み作りが必須だ。

　たとえば、定例ミーティングで必ず話題にあげる、1on1で伝える、人事制度に落とし込む、デスクトップ用の壁紙を作り配布するなどミッション・ビジョンが日常で日に触れる回数を増やすと良いだろう。

　例として、あるフェーズにおいてサイトトラフィックよりもCV数の改善を優先するよう方針を立てたときのことをご紹介したい。某企業広告のパロディで社内向けにアレンジしたCV2倍ポスターを自作し、社内に掲示したり、デスクトップのホーム画像として配布したりした。インパクトがあるポスターだったため、メンバーからは多くの反響があった。結果的に施策をメンバーに意識づけることができた。

　最後にビジョン・ミッションは手段であって目的ではないと伝えたい。ミッション・ビジョンを作るために議論するのは本末転倒である。チームの思考・行動を束ねて方向づけられるツールとして使えるのがミッション・ビジョンである。どこに向かいたいのかをベースに、策定していこう。

実践者の成功ポイント

・会社の中におけるマーケティング部門の存在意義を反映したものにする
・具体的な行動がイメージでき、印象に残るワーディングを行なう
・ミッション・ビジョンに触れる回数を増やす仕組み作りを行なう

情報を社内共有する仕組みを作る

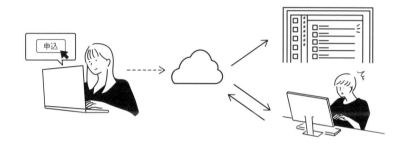

解説

　情報を社内共有する仕組みは、過去の習慣をもとに非効率なやり方で動いてしまっていることが多い。業務を自動化することで情報共有の効率性を高められる領域は多く存在する。たとえば、お問い合わせ内容はチャットツールに通知させる、SFAが更新されたらSlackに通知が行く仕組みを作るなどだ。

　しかし、情報共有はツールを導入し、仕組みだけを作っても現場が使わない状態におちいりやすいため注意が必要だ。

　まずは、何の情報を、誰と、どのような仕組みで共有できると良いかを明確にしよう。

ポイント01　リアルタイム性とアクセス性を高める

　情報を一箇所にまとめるうえで、リアルタイム性とアクセス性の2つがキーワードとなる。

リアルタイム性を高める例としては、フォームからのお問い合わせ情報や商談結果をチャットツールでリアルタイムに確認できる仕組み作りがある。SFA（営業支援ツール）とチャットツールの自動連携は手間もかからないため取り組むことを推奨する。顧客の動きをリアルタイムに共有し、顧客体験を改善するための議論を増やしていこう。アクセス性を高める例としては、

・重要な顧客への提案資料を一箇所にまとめて参照しやすくする
・週1回は重要トピックスがチャットで共有される仕組みを作る

などがある。特定の人が持っている知識やノウハウが共有される仕組みを作り、自然と組織学習が進む仕組みを作ろう。

ポイント02　部署を横断して情報共有する

　情報共有の仕組み作りで気をつけたいことは、特定部署だけで閉じないことだ。組織が大きくなると、部署ごとで情報が閉じてしまい共有されていない状態におちいりやすい。
　マーケターは、部署を横断してコミュニケーションをとることが重要だ。
　営業やカスタマーサクセス部が持っている情報をヒアリングし、重要情報はチャットで共有するといった動きも積極的にとりたい。
　情報共有の仕組み作りは、ツールやデータ連携だけではなく、人力で情報を取得して共有する動きも必要であると認識しておこう。

ポイント03　情報を深く解釈する場を作る

　顧客の声や、行動データなど、情報量は日に日に増えつづける。マーケターは、日々流れている情報から取捨選択をして、どの情報は組織で議論し、掘り下げる必要があるかを判断しよう。
　日々の30分から1時間の会議では情報共有のみで終わってしまいやすいため、2時間から3時間ほどの時間を確保して、情報を掘り下げる場を作ることは有効だ。情報は共有されているだけでは意味がない。情報を分析し、仮説出しを行ない、効果的なアクションにつなげよう。

実践者インタビュー

Profile

株式会社ビズリーチ　HRMOS事業部 インサイドセールス部 部長 兼 BizReach 創業者ファンド パートナー　茂野明彦
2012年、株式会社セールスフォース・ドットコムに入社。グローバルで初のインサイドセールス企画トレーニング部門を立ち上げると同時に、アジア太平洋地域のトレーニング体制構築支援を実施。2016年、株式会社ビズリーチ入社後、インサイドセールス部門の立ち上げ、ビジネスマーケティング部部長を経て、現在はHRMOS事業部インサイドセールス部部長を務める。2020年、BizReach 創業者ファンド パートナーに就任。著書に『インサイドセールス』（翔泳社）。

複数人で1つの商談に対応するような事業モデルにおいて注意すべき点は「事実と感情を分けること」である。

引き継いだ情報に齟齬があればお客さまにご迷惑をおかけすることになり、結果的に商談も進めることができない。「正確に情報を伝達する」ということは誰しもが思うあたりまえのことではあるが、お客さまが実際に発言した内容（事実）とインサイドセールスや営業が認識したお客さまの状況（感情）には乖離が起きる場合がある。

例として人材紹介業の商談ケースを挙げる。

Q.採用の状況はいかがでしょうか？
A.年間採用予定人数のうち、10名中8名が採用できています。
Q.まだ2名が足りていないのですね？
A.はい。
Q.採用コストは上がっていますか？　下がっていますか？
A.下がってきています。
Q.採用コストはさらに下がるとうれしいですよね？
A.はい。

Q. 人材の活躍度合いはいかがでしょうか？
A. 活躍していますね。
Q. さらに活躍できるエース級人材がいるとうれしいですよね？
A. はい。

　このコミュニケーションは、質問をする側が都合の良い回答を得るために誘導をしてしまっている。これを要約して商談を引き継ぐための文章に起こすと「お客さまは2名の採用が足りていない。採用コストを下げて、活躍する人材がほしいと思っている」となる。営業担当がこの情報だけ共有を受けると、実際にお客さまが抱える課題を正しく理解せずに商談をすることになってしまうのだ。

　本来、お客さまがどのようなニュアンスで何と答えたのかが非常に大事だ。そのためHRMOSのインサイドセールスでは、インサイドセールスが作成した引き継ぎメモに加え音声データ（MiiTelで取得した録音データ）をフィールドセールスと共有することで、ヒアリングと提案の齟齬をなくし、お客さまにとっても有意義な商談となるように心がけている。

　また、SFA（営業支援ツール）やチャットツールを導入し、情報共有をする仕組みを作ったとしてもうまく運用できない場合がある。うまく運用できない理由は「Todo（入力する、報告する等の工程）のみを共有しTobe（目指している世界観等）を共有していないこと」が原因であると考えている。ツールを使う1人ひとりがどうあるべきかを自身で考え、改善し、活用できなければ一度運用に乗ったとしてもいずれ形骸化し、結局は目指したい姿に到達できない。

　情報は資産である。正確に共有し、流通させることは事業成長を大きく助けるとともに、お客さまに素晴らしい購買体験を提供することにつながると考えている。

実践者の成功ポイント

・事実と感情を分けて共有する
・テキストだけではなく音声データを共有することで齟齬をなくす
・TodoではなくTobeを描き、共有する

重要情報は1箇所に集める

解説

　重要な情報を一元管理し、特定の人に依存した属人的な仕事をなくすことは、組織全体のパフォーマンスを上げるうえで重要となる。個人個人が仕事を通じて得た知識は有益な情報であり、それらを自社内で活かせるように管理することは競争優位の確立にもつながる。具体的には、下記のような情報をいつでも取り出せるよう一元管理することから始めよう。

　たとえば、

・調査や企画など属人化しやすい業務のマニュアル
・成果を出している営業が使っている提案資料テンプレート
・顧客インタビューやアンケート内容
・広告運用やSNS運用などの業務マニュアルとデータ
・カスタマーサクセスをしている顧客のサービス内容

など、マーケティング活動の成果を出しつづけるための「再現性作り」を意識しよう。

ポイント01　情報にアクセスしやすくする

　社内のノウハウは誰でも必要なときに取り出せるようにしよう。

　たとえば、「04-01 営業の勝ちパターンを共有する」で紹介した通り、成果を出している営業の提案資料を全員が閲覧できるようにすると、組織全体の成約率向上につながる。社内情報は、検索しやすく、見つけやすくすることを第一に考えたい。

　また、社内のメンバーが誰でも更新できるようにすることも重要だ。

　情報を更新しやすくするためには、

・編集権限設定のルールを作る
・データの命名規則、形式のルールを作る

などを行ない、運用が複雑にならず、あとから探しやすいように工夫すると良い。

ポイント02　現場で使いやすくする

　情報共有は、現場で使いやすい工夫をすることが重要である。1箇所に集まっているだけでは意味がない。

　情報共有時に工夫したい点としては、

・顧客情報と連動させて格納する
・資料の活用意図や背景情報も紹介する
・関連資料やデータも参照できるようにする

など、活用シーンを詳細に説明することで、読み手の使いやすさも向上する。

　現場がどのような情報を必要としているか、どんな情報が共有されれば顧客体験を向上させられるかを考えながら仕組みを作ろう。

ポイント03　公開範囲をコントロールする

　マーケティング組織に第三者（代理店、コンサルタント、副業人材など）がかかわる場合は、どの領域まで情報を開示し、NGとするかを決めておこう。重要情報の中でも、第三者に公開可能な領域を最初に決めておくと、コミュニケーションを円滑に行なうことができる。権限の付与で情報共有の範囲を決め、柔軟に対応ができる仕組みを作ろう。

実践者インタビュー

　ここでは、筆者・栗原の例を紹介する。

　成功事例を蓄積する理由は2つある。施策の再現性を高め、確実に成果を生み出せる環境を作ること。あとからジョインしたメンバーが車輪の再発明をせず、最短で成果を出せる環境を作ることだ。

　マーケティングの中には成果を出す方法がある程度決まっている施策も多い。成果が出た事例を蓄積し、成果を生み出す確率を上げ、より質の高い提案ができる環境を作っていくべきだろう。

　才流では社内wikiとSlackを活用し、成功事例やノウハウの共有を行なっている。

　社内wikiは特別なコーディングや設定が不要で、Wordのように記録できるツールを活用している。記載のルールは「とりあえず書き残す」だ。綺麗に階層構造を構築したり、細かいラベルづけをしたりしても徹底されず、結局運用できないケースが多い。そのため見栄えが多少悪くても、社内wikiに書き残すことを最優先にしている。

　しかし、社内の情報を残すための風土を作り上げるのは容易ではない。社長や役員陣などの意思決定者がコミットし、逐次アナウンスすることが不可欠だ。

　才流は大きく2つの方法で運用を行なっている。

　1つは書く時間を強制的に確保している。毎週水曜日午前9：30〜12：00はコンテンツやノウハウを社内wikiに書き込む時間と全社で設定し、一斉に取り組んでいる。任意での記載にすると通常業務に追われ、どうしても記載があと回しになってしまう。会社として時間を確保することで、ノウハウ蓄積の優先度を意識的に上げる仕組みを作っているのだ。

もう1つは業務にかかわる質問やノウハウに関する事項は社内wikiに書き残してからほかの社員に展開するというルールを運用することである。日常的に使用するチャットツールの重要な事項でも情報が自然と流れてしまう。ストックすべき情報は、まずストックしてから共有するというルールを細かくアナウンスし、運用している。

　重要な情報を1箇所に蓄積していくことは、成果を効率的に上げるために非常に重要な仕組みである。運用に乗せるためには、労力と時間がかかるが、意思決定者がしっかりとコミットして環境を作っていこう。

実践者の成功ポイント

・成果が出た事例を蓄積し、成果を生み出す確率を上げる
・記載のルールは「とりあえず書き残す」などシンプルに
・メンバーが社内wikiを書く時間を強制的に確保する

第三者の知見を取り入れる

解 説

　マーケターに求められる領域は幅広く、全領域を自分たちだけで対応することは難しい。

　そのため、「時間をお金で買う」発想を持つことが大切だ。「餅は餅屋」の発想で専門領域は第三者にまかせることを検討したい。

　特に事業立ち上げフェーズでは、マーケティングの専任担当者を置くことは難しい場合が多い。

　副業や業務委託を活用し、信頼できるマーケターを味方につけよう。

ポイント01　ネットワークを広げる

　日頃から、組織外のマーケターとつながる機会を増やそう。組織外の人で、誰がどんな領域で専門性を持っているのかに、いつもアンテナを張るようにしたい。外部コミュニティのイベントや勉強会に参加したり、SNSで自ら発信したりしながらネットワーク作りを行なうことが有効だ。

　副業マッチングプラットフォームや専門業者ごとの比較サイトを活用する選択肢もあるが、信頼の置ける人に直接お願いできると、金銭コストもそれほどかからず、かつ信頼できる人の見定めもしやすい。

ポイント02　第三者にまかせる領域を見定める

　第三者に依頼する領域を大きく2つに分類すると、戦略領域と実行領域に分かれる。

　大きな投資意思決定をする前や戦略方針の変更を検討している場合は、第三者から戦略アドバイスをもらうのが良いだろう。

　一方、複数の施策を同時に動かすフェーズでは、実行部分のサポートに入ってもらうことが重要となる。

　どの領域を第三者に頼ると良いのかを見定めて依頼をしよう。

ポイント03　戦略立案時は自分都合で考えない

　特に戦略立案時は、第三者の知見を取り入れることを推奨する。

　戦略フェーズで自分たち都合の解釈をして方向性を間違えてしまうと、実行フェーズで大きなムダが生まれてしまうためだ。

　たとえば、新しい業界向けのマーケティングを行なう場合は、その業界歴が10年以上の有識者にインタビューをすることなどが有効だ。スポットコンサルサービスのビザスクのようなサービスを使えば、数万円で有識者からアドバイスを得ることが可能だ。

　戦略の欠陥は戦術や実行で補うことは難しい。プロジェクトの初期フェーズで、有識者の知見を借りる仕組みは業務フローに組み込もう。

実践者インタビュー

Profile

株式会社NEXERA　代表取締役　飛田恭兵
新卒で経営コンサルタントとして、財務を中心とした中小中堅企業の経営支援に従事。その後、ベンチャーやスタートアップの経営者に対して支援を行うスタートアップカフェ大阪に参画。2018年に株式会社NEXERAを設立。代表取締役として、経営視点を体感的に学習できるビジネスゲーム型研修サービス「Marketing Town」を開発し、事業を展開。サービスローンチから2年で、総受講者数は3000名を超え、ベンチャーから大手企業まで、多くの企業が研修として採用するサービスへと成長させる。

マーケティングタウンでは、戦略アドバイスをもらう、特定領域の業務を担ってもらう2つのパターンで第三者に協力をしてもらっている。

まず戦略アドバイスをもらうときのポイントをご紹介する。

大切にしているのは、依頼前に「事業戦略の全体方針を伝える」ことである。どれだけ優秀な人にかかわってもらっても、全体方針が見えない中で有効なアドバイスをもらうことは難しい。

戦略に関しては株主でもある経営者の方々からアドバイスをもらっているが、事前に自分たちの戦略方針や計画などをまとめて伝えている。考え抜いた戦略方針に対して、経験豊富な経営者視点でレビューをもらい、抜け落ちている視点を確認している。

新しい顧客セグメントにアプローチする、大きな広告投資をするなど、重要な意思決定前には、信頼できる第三者の意見を取り入れることは、成功確率を高めるために重要だと考えている。

続いて特定領域の業務を依頼するときのポイントをご紹介する。

大切にしているのは、「自社内で対応する領域と、第三者にかかわってもらう領域を見定める」ことである。業務委託領域は下記のようなルールを決めている。

成果を出すまでに1年かかる長期施策は業務委託メンバーにまかせる。数週

間や数カ月で成果を出す必要がある短期施策は自社スタッフが担う。

　スタートアップの場合、日・週次で状況が変わってしまうため、外部からかかわってもらう人に短期成果を求めてしまうとスピード感が追いつかない。業務委託の人に短期の成果を求めすぎたときはうまく回らなかった。

　このように、第三者にかかわってもらう業務領域は明確に決めるようにしたい。「第三者の知見を取り入れる」「業務委託でかかわってもらう」どちらの場合も、事前にサービスを体験してもらい、当事者意識をもってアドバイスやかかわりができるようにしている。

　貢献してもらいやすい環境を整えることは、第三者に支援をしてもらううえで最も重要だと考えている。

実践者の成功ポイント

・重要な意思決定前には、第三者のレビューを入れる
・第三者にかかわってもらう領域は、アドバイス領域と業務領域で分ける
・第三者が貢献しやすい仕組みを整え、依頼前は戦略方針を伝える

おわりに

　筆者（栗原）はコンサルティング会社を経営している仕事柄、日々多くの経営者・マーケターと接する機会がある。

　多くの経営者・マーケターと対話し、彼ら・彼女らを観察をする中で、結果を残している人たちが共通して持っている思考・行動のパターンがあることに気がついた。ある著名な経営者がマーケティングのキモだと言っていたことを、まったく違う業界の敏腕マーケターが少し言葉を変えて同じ意味のことを語っていた、というシーンにあまりにも多く出くわしてきた。

　逆に結果を残せず苦労している経営者・マーケターは、やる気や能力・才能が足りないのではなく、結果を残している人たちが持っている思考・行動のパターンを実践していないだけなように見えた。

　筆者自身、新卒で入社したIT企業でマーケターとして働いていた際、結果を出すのに苦労した時期があった。その際、主に自分やチームの試行錯誤から結果を出すために必要なことを学んだが、今思えば、ずいぶん遠回りしてしまった。もっと早い段階で本書で紹介したような「思考・行動のパターン」を身につけていたら、結果を出すまでの時間を短縮できていただろう。

　本書はそんな昔の自分が今すぐ読んでほしい本である。

　ヘッジファンド世界最大手のブリッジウォーター・アソシエーツの創業者であるレイ・ダリオ氏は、「人生や仕事の成功には『エゴと盲点』を潰すことが重要だ」と著書の中で語っている。

　「エゴ」とは、自尊心や偏見、独りよがりな考え方のことで、「盲点」とは、自分や組織が見渡せていないことだ。

　本書で紹介した50個のマーケティング・パターンは、ある種、いかに自分たちのエゴを消して現実を捉えるか、いかに自分たちの盲点を減らして正しい意思決定をするか、と言い換えることができる。

　たとえば、「自分たちの考えこそが正しく、自分たちが競合他社のどこよりも優れている」といった独りよがりな考え方では、顧客に選ばれる企業、商品でありつづけることは難しいだろう。

　そうしたとき「01-03 自分でサービスを使ってみる」「01-10 選ばれる理由・

選ばれない理由を把握する」「05-05 解約理由を把握する」などのパターンを活用することによって、自分たちの「エゴ」を潰し、正しく現実を認識して行動できるようになる。

　また、顧客がどのようなチャネルで情報収集を行ない、どのような点を重視して商品を選ぶのかがわかっていない状態——言い換えれば、「盲点」がある状態では、適切なマーケティング施策を打つことは難しい。

　それに対して「01-01 顧客にインタビューする」「06-04 顧客の行動データを把握する」「07-08 第三者の知見を取り入れる」などのパターンを活用することによって、「盲点」を潰し、正しいチャネルで商品を露出し、正しい価値を顧客に提供できるようになる。

　本書で紹介した50個の思考・行動のパターンを使い、マーケティングの成功を阻む「エゴと盲点」を潰していただければ幸いだ。昔の筆者のように自分の試行錯誤からのみ成功のポイントを学ぶよりも、はるかに早く、再現性を持って、成果を残せるようになるだろう。

　また、本書籍で紹介した50個の思考・行動の型はあくまでも、基本的なことを抽象化し、一般化したものにすぎない。ぜひ皆さんの事業や日々の業務に合わせて、最適化していただきたい。

　本書執筆にあたり、株式会社CINC Marketing Native編集部さま、世界へボカン株式会社 代表取締役 徳田祐希さま、株式会社ガイアックス ソーシャルメディアラボ編集長 小東真人さま、マーケティングトレースオンラインサロン メンバー 當摩征也さま、デザイナー（イラストレーター）仲岡里穂さまに多大なるご協力をいただきました。末筆ながら厚くお礼申し上げます。

株式会社才流　代表取締役社長　栗原康太

協力者一覧（敬称略）

菅原大介	野村修平
平岡謙一	松尾大輔
粕谷 哲	伊藤 靖
牟田口武志	今井晶也
宮本栄治	高橋浩一
川添 隆	野村幸裕
河内佑介	長橋明子
鎌田洋介	吉本啓顕
川端康介	安藤健作
岡本剛典	向井純太郎
江成太一	白井恵里
枌谷 力	甲斐雅之
垣内勇威	室谷良平
松本健太郎	茂野明彦
福代和也	飛田恭兵
長谷川智史	仲岡里穂
富安洋平	徳田祐希
川西康之	當摩征也
河村和紀	佐藤綾美
満沢将孝	高橋元紀
木村昌史	小東真人
飯髙悠太	長谷川翔一
帰山智幸	佐々木ゴウ

栗原康太（くりはら こうた）

株式会社才流 代表取締役社長
東京大学文学部行動文化学科社会心理学専修課程卒業。
2011年にIT系上場企業に入社し、BtoBマーケティング支援事業を立ち上げ。事業部長、経営会議メンバーを歴任。2016年に「才能を流通させる」をミッションに掲げる株式会社才流を設立し、代表取締役に就任。カンファレンスでの登壇、主要業界紙での執筆、取材実績多数。

黒澤友貴（くろさわ ともき）

ブランディングテクノロジー株式会社
執行役員CMO
新卒でブランディングテクノロジーに入社。中小・中堅企業向けのマーケティング支援に10年間従事。「日本全体のマーケティングリテラシーを底上げする」をミッションに10000人近くのマーケターが集まる学習コミュニティ「#マーケティングトレース」を主宰。著書に『マーケティング思考力トレーニング』（小社）がある。

マーケター1年目の教科書

2021年11月6日　初版発行
2023年9月7日　　3刷発行

著　者　　栗原康太、黒澤友貴

発行者　　太田 宏

発行所　　フォレスト出版株式会社
　　　　　〒162-0824　東京都新宿区揚場町2-18　白宝ビル7F
　　　　　電話　03-5229-5750（営業）　03-5229-5757（編集）
　　　　　URL　http://www.forestpub.co.jp

印刷・製本　　中央精版印刷株式会社

勝ちパターンを身につけて、「売れるマーケター」になる！

読者の方に無料
特別プレゼント

特別データ

著者 栗原康太さん、黒澤友貴さんより

本書で紹介した50の勝ちパターンをまとめた「マーケティング・パターン全集」のPDFファイルを読者の皆さまにご提供します。マーケター入門者が今すぐ実務で使えるノウハウが満載です。ぜひともお仕事にご活用ください。

特別プレゼントはこちらから無料ダウンロードできます↓
http://frstp.jp/marketing50

※特別プレゼントはWeb上で公開するものであり、小冊子・DVDなどをお送りするものではありません。

※上記無料プレゼントのご提供は予告なく終了となる場合がございます。あらかじめご了承ください。